Ch. ARNAULT DE LA MÉNARDIÈRE
LIEUTENANT AU 103e RÉGIMENT D'INFANTERIE

QUATRE JOURNÉES DE GUERRE

OPÉRATIONS DU XIIIe CORPS ALLEMAND
les 12, 13, 14 et 15 janvier 1871
COMBAT D'ALENÇON

PARIS
LIBRAIRIE MILITAIRE R. CHAPELOT ET Ce
IMPRIMEURS-ÉDITEURS
30, Rue et Passage Dauphine, 30

1906

QUATRE JOURNÉES DE GUERRE

Opérations du XIIIe corps allemand les 12, 13, 14 et 15 janvier 1871. — Combat d'Alençon.

PARIS. — IMPRIMERIE R. CHAPELOT ET Cᵉ, 2, RUE CHRISTINE.

Ch. ARNAULT DE LA MÉNARDIÈRE
LIEUTENANT AU 103e RÉGIMENT D'INFANTERIE

QUATRE JOURNÉES DE GUERRE

OPÉRATIONS DU XIIIe CORPS ALLEMAND
les 12, 13, 14 et 15 janvier 1871

COMBAT D'ALENÇON

PARIS
LIBRAIRIE MILITAIRE R. CHAPELOT ET Ce
IMPRIMEURS-ÉDITEURS
30, Rue et Passage Dauphine, 30

1906

A M. ANTONIN DUBOST

PRÉSIDENT DU SÉNAT

ANCIEN PRÉFET DE L'ORNE EN 1871

Hommage respectueux

C. M.

BIBLIOGRAPHIE

Grand État-Major prussien. — *Guerre de* 1870-1871. (Traduction Costa de Serda.)

Général Chanzy. — *La deuxième armée de la Loire.*

Enquête parlementaire sur les actes du Gouvernement de la Défense nationale; tome III, déposition du général Chanzy (1872).

Grenest. — *L'armée de la Loire*, relation anecdotique de la campagne de 1870-1871.

Lieutenant-colonel des Moutis. — *Les mobiles de l'Orne.*

Jaurès. — *Le 21e corps.*

Chanoine Provost. — *La garde-mobile d'Eure-et-Loir et ses aumôniers.*

Général de Lipowski. — *Ablis, Châteaudun, Alençon.*

Général de Wittich. — *Journal de guerre de la XXIIe division prussienne.* (Traduction Richert.) Chapelot, éditeur.

Mallet. — *La bataille du Mans.*

Martin Le Neuf de Neufville. — *Les combats d'Alençon depuis le XIe siècle jusqu'à l'invasion allemande en* 1871.

Beaudouin. — *L'occupation d'Alençon par les Prussiens en* 1871.

Antonin Dubost. — *Notice explicative sur les circonstances qui ont précédé et suivi le combat d'Alençon.*

Trigier. — *Un Maire d'Alençon pendant la guerre de* 1870-1871; M. Eugène Lecointre.

Archives de la préfecture de l'Orne.

Délibérations du conseil municipal d'Alençon (1870-1871).

QUATRE JOURNÉES DE GUERRE

Opérations du XIIIe corps allemand les 12, 13, 14 et 15 janvier 1871. — Combat d'Alençon.

Depuis le 5 décembre 1870, le général Chanzy, commandant la 2e armée de la Loire, reculait devant le prince Frédéric-Charles; repoussé d'Orléans, il avait tenté un mouvement circulaire ayant Paris comme centre, afin de marcher à sa délivrance si Bourbaki et Faidherbe lui en donnaient l'occasion. Mais le prince Frédéric-Charles accula l'armée française aux faubourgs du Mans, et, le 12 janvier 1871, la contraignit à la retraite.

La droite allemande, c'est-à-dire le XIIIe corps, les IVe division et XIIe brigade de cavalerie, qui opéraient sous les ordres du grand-duc de Mecklembourg-Schwérin, après avoir repoussé la colonne du général Rousseau, avait essayé, pendant les journées des 9, 10 et 11 janvier, d'écraser la gauche du 21e corps français commandé par le capitaine de vaisseau Jaurès. Le 12 janvier, le grand-duc de Mecklembourg résolut un mouvement décisif qui eût anéanti le 21e corps et singulièrement compromis la sécurité de toute notre armée ; le mouvement échoua, mais d'autres nécessités tactiques déterminèrent la retraite des Français ; le 13 et le 14, le général allemand se porta timidement sur les traces d'un adversaire qui s'échappait de plus en plus, et le 15, trompé par un faux renseignement dû au prince Frédéric-Charles, il chercha à Alençon un ennemi établi à Sillé-le-Guillaume. Cependant une poignée d'hommes intrépides l'arrêta aux portes de la ville, et une fois de plus, les francs-tireurs de Lipowski tinrent en échec les troupes allemandes.

Dans cette étude, nous raconterons les suprêmes efforts du grand-duc de Mecklembourg contre le 21e corps français (12 janvier), puis sa marche timide, égarée, à la suite de son insaisissable adversaire (13, 14, 15 janvier); nous terminerons par la relation du combat d'Alençon (15 janvier).

Ces pages ont été écrites d'après les documents les plus certains, d'apparence du moins. A maintes reprises, l'étude du terrain, les affirmations des témoins oculaires, encore nombreux, ont facilité leur choix et leur interprétation.

Forces en présence.

Le grand-duc de Mecklembourg disposait du XIIIe corps et des IVe division et XIIe brigade de cavalerie. Le XIIIe corps, composé de la XVIIe division (général-major de Treskow) et de la XXIIe (général-major de Wittich), présentait le 11 au soir un effectif de 16,000 hommes; la IVe division de cavalerie, commandée par le général de Bernhardi pendant la maladie du prince Albrecht de Prusse, comprenait la VIIIe brigade (général-major de Hontheim), la IXe (colonel de Schauroth), la Xe (général-major de Krosigk), soit un total de 2,500 hommes; la IXe brigade de cavalerie était constamment détachée à la XXIIe division d'infanterie; de même, à la XVIIe division d'infanterie était adjointe la XVIIe brigade de cavalerie. La XIIe brigade de cavalerie, forte de 1,400 hommes, sous le commandement du général-major de Bredow, éclairait l'extrême droite allemande.

Le grand-duc de Mecklembourg avait ainsi environ 20,000 hommes.

L'armée du prince Frédéric-Charles, dont ces troupes formaient la droite, comprenait en outre le Xe, le IIIe corps et une division du IXe, plus deux divisions de cavalerie. L'effectif total de l'armée était de 56,000 hommes. Tous ces chiffres, plus faibles que ceux cités habituellement, sont donnés par le Grand État-Major prussien; aurait-il exagéré la faiblesse des effectifs? Il est moins glorieux de vaincre par le nombre que par la valeur.

D'autre part, à la bataille du Mans, l'armée du général Chanzy se composait du 21e corps, sous le commandement du capitaine de vaisseau Jaurès, général de division à titre auxiliaire, — du

17e, sous les ordres du général de Colomb, — du 16e, que menait l'amiral Jauréguiberry. On a évalué l'effectif de cette armée à 120,000 hommes, mais d'après l'estimation que j'en ai faite, je crois comme Rüstow qu'il ne dépassait pas 90,000 hommes le 11 janvier au soir[1]. Sur ce total, il pouvait appartenir 30,000 hommes au 21e corps; ce corps comprenait trois division : la 1re, général Rousseau, la 2e, général Collin ; la 3e, général de Villeneuve; en outre, il y avait une réserve (capitaine de frégate Zédé). La division de Bretagne (général Gougeard), d'un effectif de 10,000 hommes environ, obéissait aussi aux ordres du général Jaurès : exception est faite pour le 11 janvier et la matinée du 12.

Valeur des troupes adverses. — On ne peut nier que l'armée du prince Frédéric-Charles, d'Orléans au Mans, ne souffrit beaucoup du froid et parfois même de la faim ; tous les uniformes de l'armée française se voyaient dans ses rangs, toutes les chaussures, depuis les sabots jusqu'aux bottes à l'écuyère. Plus d'une compagnie, privée d'officiers, était conduite par le feldwebel ; pendant la bataille du Mans, les hommes ne furent soutenus que par d'abondantes rations d'eau-de-vie.

Au milieu de cette armée fatiguée, une troupe faisait contraste : les régiments du grand-duc de Mecklembourg, débarrassés du contingent bavarois décimé autour d'Orléans, et ramenés quelques jours à Chartres vers la fin de décembre pour se refaire, jouissaient d'une situation sanitaire et d'une organisation remarquables ; tous ceux qui les virent et recueillirent les témoignages oculaires, vantent leur état de santé, la propreté et la solidité de leurs uniformes, leur discipline, en un mot, leur aspect de force et de cohésion, étonnant après une rude campagne[2].

Si lasse que fût une grande partie de l'armée allemande, celle-ci présentait néanmoins un état très supérieur à celui de nos troupes.

---

[1] Les nombres sont forcément incertains ; il faudrait savoir exactement le nombre des blessés, des tués, des fuyards, des prisonniers, des hommes sans munitions ou armés de fusils ne fonctionnant pas.

[2] Dépositions nombreuses de témoins oculaires, par exemple d'ambulanciers qui purent remarquer le bon état des vêtements et du linge des blessés allemands appartenant à l'armée du grand-duc de Mecklembourg.

La deuxième armée de la Loire n'était que bataillons formés à la hâte, agglomérations d'hommes peu instruits, mal armés, mal vêtus. Artilleurs et cavaliers montaient des chevaux de rencontre, fourbus. Une discipline improvisée, des actes individuels de courage, des débandades subites de milliers d'hommes. Au Mans, pour contraindre ses troupes à la défense à outrance, le général Chanzy avait dû les menacer de couper les ponts derrière elles ! [1]. Une justice sommaire maintenait seule dans le rang des recrues incorporées jusque sur les champ de bataille.

Dans la plupart des compagnies franches (celles de Lipowski exceptées) un avocat, un employé de commerce, un ancien soldat que recommandaient seulement ses sept années de service, se trouvait élu capitaine ; au milieu des opérations les plus graves, chacun retournait chez soi pour plusieurs jours, puis la compagnie se reformait tant bien que mal. Et la variole venait encore affaiblir et désorganiser ces troupes constituées à peine et exténuées déjà.

Certes, il n'y a peut-être pas une « nation dans le monde qui ait pu faire, en aussi peu de temps et aussi complètement, l'effort suprême que nous avons fait » [2], mais il est une limite aux possibilités humaines, et, en quelques semaines, si l'on ne crée pas même des soldats, encore moins crée-t-on des officiers pour remplacer ceux que l'ennemi a tués ou traînés en captivité.

Le 21e corps, formé au commencement de décembre en six jours par l'activité prodigieuse de son chef, mais fatalement peu prêt pour une rude campagne, très éprouvé avant d'arriver au Mans [3], ne se trouva pas, pendant les journées que nous allons étudier, dans une situation matérielle supérieure à celles des 16e et

---

[1] CHANZY. *Deuxième armée de la Loire*, p. 310.

[2] *Enquête parlementaire.* Déposition du général Chanzy. T. III, p. 212.

[3] CHANZY. *Deuxième armée de la Loire*, p. 291. — Le lieutenant-colonel des Moutis, dans *les Mobiles de l'Orne* (p. 92-93), parle ainsi des troupes placées sous ses ordres : « L'artillerie traînée par des chevaux de réquisition, aux harnais de poste, colliers de paille et traits de corde..., pas de bridons de reculements.., les chevaux d'attelage sans selle..., les sabots pour les roues de pièces manquant totalement..., les cavaliers en pantalons de toile et sans souliers..., les fusils à tabatière aux ressorts brisés, aux tiges des tabatières faussées..., pas de capotes, pas de guêtres, pas de couvertures. »

Le 10 janvier, le général Jaurès rend compte au général Chanzy que la division Rousseau ne tient plus debout : « C'est presque une division à réformer », dit-il.

17e corps ; cependant il fut le seul à faire preuve de solidité et de discipline, grâce à l'exceptionnelle énergie d'officiers d'élite, particulièrement du général Jaurès. (Lettre du général Chanzy au Ministre de la guerre — 13 janvier 1871 [1].)

Positions le 11 janvier au soir. — Voici, après la première journée de la bataille du Mans, c'est-à-dire le 11 janvier 1871 au soir, la position des armées en présence :

Les efforts de la gauche allemande, Xe et IIIe corps, n'avaient pas délogé du Chemin-aux-Bœufs les troupes de l'amiral Jauréguiberry : mobilisés bretons, 16e corps et deux divisions du 17e corps.

Au centre, le IIIe corps opposé à la 2e division du 17e corps français et à la division Gougeard (corps de Bretagne [2]) placées sous le commandement supérieur du général de Colomb, ne s'était pas emparé du plateau d'Auvours, mais tenait Champagné ; les Français se contentaient de surveiller les ponts de Saint-Mars-la-Bruyère, sans y être établis.

XIIIe corps allemand, IVe division et XIIe brigade de cavalerie. — Le XIIIe corps allemand, avec la IVe division et la XIIe brigade de cavalerie, restait en face du 21e corps français.

La XVIIe division allemande (général-major de Treskow) prenait ses cantonnements à Connerré ; elle conservait un détachement sur la rive gauche de l'Huisne, en face de Montfort et Pont-de-Gennes ; au nord de la rivière, la réserve des avant-postes occupait La Vallée, avec des postes sur la rive gauche (Est) du Puiseaux, de l'Huisne aux Jubaudières.

La XXIIe division (général-major de Wittich [3]) cantonnait à La Chapelle et ses écarts ; la brigade de cavalerie Schauroth à Tuffé ; elle disposait ses avant-postes aux Picaudières ; à Saint-

---

[1] « Il n'existait plus rien, on a fait des choses extraordinaires, on a nommé généraux de division des capitaines de frégate, on a utilisé partout des officiers de marine ; n'ont-ils pas été à hauteur de leur mission ? Ne se sont-ils pas conduits partout admirablement ? Je n'ai pas de paroles assez vives pour leur témoigner ma satisfaction et leur rendre justice. » (*Enquête parlementaire*, p. 213.)

[2] Ce corps sera rendu au général Jaurès pendant la journée du 12.

[3] Général DE WITTICH, *Journal de Guerre*, p. 376.

Célerin étaient deux escadrons de cavalerie, une batterie d'artillerie, un régiment d'infanterie, sauf plusieurs compagnies détachées à Point-du-Jour [1].

21e corps français. — En face des divisions allemandes du XIIIe corps, la 1re division du 21e corps d'armée (général Rousseau) se maintenait sur les hauteurs de la rive droite de l'Huisne et gardait particulièrement Montfort et Pont-de-Gennes. La 2e division française (général Collin), la veille au bois du Chêne, s'était retirée sur la position de Lombron ; la 2e brigade (lieutenant-colonel des Moutis) occupait les hauteurs entre ce village et les Picaudières [2]; la 1re brigade (lieutenant-colonel de La Marlière) tenait les hauteurs au sud de ce village et le château de Loresse, solidement fortifié ; ses avant-postes étaient dans la vallée de Puiseaux ; quelques postes mêmes à l'est de ce ruisseau, bien établis dans des fermes.

La IVe division de cavalerie allemande avait escarmouché toute la journée à Chanteloup contre les avant-postes de la 3e division française (général de Villeneuve) ; son gros était allé le soir cantonner à Bonnétable, tandis que la division française bivouaquait sur les hauteurs de La Croix. La XIIe brigade de cavalerie allemande, installée à Bellême, éclairait dans la direction de Mamers, où elle signalait de forts détachements français ; ce devait être la colonne du colonel de Lipowski, en retraite sur Alençon, et qui continuait à guerroyer sur l'extrême gauche de

---

[1] C'était la colonne Beckedorff. Le colonel de Beckedorff était parti le 10, de Sceaux-sur-Huisne, par Saint-Hilaire, Tuffé et Prévelles, vers Bonnétable, avec un régiment d'infanterie, deux escadrons de cavalerie et une batterie d'artillerie. Il devait protéger le déploiement de la IVe division de cavalerie, en marche de Bellême sur Bonnétable ; cette petite ville avait été évacuée depuis le 8 par la colonne mobile du colonel de Lipowski, dont nous reparlerons dans la suite, et, défendue seulement par quelques paysans armés, avait été enlevée sans difficulté. Le colonel de Beckedorff était descendu ensuite sur Le Mans, mais arrêté par la division Villeneuve, n'avait pas dépassé Chanteloup. Le 11, la IVe division de cavalerie le remplaçait sur ses positions et il regagnait La Chapelle-Saint-Rémy, puis revenait à Saint-Célerin pour la nuit.

[2] Un renseignement qui donnera une idée de nos pertes pendant ces journées : cette brigade eut, le 11 janvier, 33 officiers et 2,300 sous-officiers et soldats tués, blessés ou prisonniers. Son effectif au commencement de décembre avait été de 10,900 hommes. (Lieutenant-colonel des Moutis. *Les Mobiles de l'Orne*).

l'armée française; le capitaine Oustalet et les francs-tireurs des Basses-Pyrénées se trouvaient très probablement dans les mêmes parages; une légion de mobilisés de l'Orne (lieutenant-colonel Raulin) était à Mamers et environs immédiats.

Le général Jaurès avait son quartier général et sa réserve à Montfort; le quartier général du grand-duc de Mecklembourg était à Connerré.

On peut remarquer que les Allemands qui, à l'inverse des Français, ne bivouaquaient pas, recherchaient fort en arrière de la ligne de combat un abri où leurs troupes cantonnaient, cuisaient les aliments et touchaient les munitions. Nos adversaires, s'ils reposaient ainsi dans de bonnes conditions, en revanche ne pouvaient généralement se trouver que le matin fort tard sur le théâtre des opérations, ce qui facilitait la retraite des Français; mais ces derniers, bivouaqués par cet hiver glacial, souffraient du froid beaucoup plus que les Allemands.

Le résultat de la bataille restait indécis, quand, à 8 h. 1/2 du soir, des bataillons de la XXe division allemande, encore au combat, enlevèrent par hasard sur la droite française la position des Mortes-Aures et de la Tuilerie, mal défendue par les mobilisés bretons; une panique emporta en désordre ces troupes, à peine enrégimentées et armées, et les renforts envoyés sur ce point ne purent reprendre les positions pendant la nuit. La nouvelle s'en répandit et démoralisa les 16e et 17e corps.

Les Allemands avaient troué la digue humaine qui les séparait du Mans; marée débordante, les envahisseurs allaient se ruer à travers les rangs français et chasser du Mans et des lignes de la Sarthe la deuxième armée de la Loire.

Cependant le général Chanzy se refusait à désespérer, et, dans sa volonté d'une lutte opiniâtre, il enjoignit aux commandants des 17e et 21e corps de se trouver au petit jour sur leurs positions de combat.

En particulier, pour aider la division Gougeard à la résistance du plateau d'Auvours, le général Jaurès reçut, dans la nuit du 11 au 12, l'ordre de replier sa droite sur les mamelons à l'est de Sargé.

Ordres du général Jaurès pour la journée du 12 janvier. — En conséquence, ce dernier prescrivit d'une part à la division Rousseau de se retirer sur les hauteurs de La Croix (ouest de Fatines; ne pas confondre avec La Croix, sur la route du Mans à Bonnétable), où elle servirait de réserve à la division de Bretagne; d'autre part à la division Collin de se replier sur Saint-Corneille, à la division de Villeneuve de continuer à couvrir la route de Bonnétable. Lui-même portait son quartier général et la réserve de Montfort à Savigné-l'Évêque.

De son côté, le prince Frédéric-Charles, du reste sans se rendre compte de quelle importance était pour lui la prise de la Tuilerie, résolvait, le 11 au soir, à reprendre le 12 le mouvement offensif de la veille, avec toutes ses forces; le IXe corps devait s'emparer en totalité du plateau d'Auvours, puis faire passer l'Huisne à une de ses brigades et appuyer ainsi l'offensive du XIIIe corps.

Une dépêche, expédiée le 11 à 10 heures du soir, mettait le grand-duc de Mecklembourg au courant de ces mesures et, dans le but d'une attaque décisive contre le 21e corps, l'invitait à porter ses divisions sur Le Mans, l'une par Lombron, l'autre prenant plus à l'Ouest. La IVe division de cavalerie éclairerait sur le flanc droit allemand, dans la direction de la Sarthe.

Mais le grand-duc de Mecklembourg, pressentant le dessein de son chef, au dire de l'état-major prussien, avait déjà donné dans le même sens les ordres suivants pour la journée du 12 :

Ordres du grand-duc de Mecklembourg pour la journée du 12 janvier. — La XVIIe division se mettra en marche à 9 heures et suivra la direction Lombron—Saint-Corneille ;

à sa droite, la XXIIe division partira à 8 heures et se portera de La Chapelle et de Saint-Célerin par Sillé-le-Phillipe sur la route de Bonnétable au Mans, sans se laisser arrêter par les fractions ennemies qui pourraient encore occuper l'ouest de La Chapelle; elle se dirigera ensuite sur Savigné ;

dès que la XXIIe division aura gagné la route de Bonnétable au Mans, la IVe division de cavalerie se placera sur celle de Ballon au Mans (elle le fera même plus tôt si elle a des troupes disponibles à cet effet); elle marchera sur Le Mans, en se maintenant à hauteur de la XXIIe division, et détruira le plus tôt possible la voie ferrée du Mans à Alençon[1];

le grand-duc restera avec la XXIIe division.

Le XIIIe corps cherchait ainsi, par un mouvement familier aux Allemands, à déborder l'aile gauche du 21e corps, puis à envelopper ce dernier, à l'enserrer, à le broyer dans un formidable étau.

Pendant la journée du 12 janvier, le général Jaurès reçut, à 1 heure de l'après-midi, de nouveaux ordres, qui modifièrent l'aspect des opérations; nous serons ainsi amenés à diviser en deux parties la relation de cette journée.

Positions le 11 janvier au soir.

ALLEMANDS.	FRANÇAIS.
Xe corps, IIIe corps, en face de	16e corps + 1re et 3e div. du 17e corps. (Séparés par le Chemin-aux-Bœufs.)
IXe corps (une division), en face de	2e division du 17e corps, division Gougeard, plateau d'Auvours.
XIIIe corps. { XVIIe division, Connerré.	1re division, Montfort et Pont-de-Gennes.
XIIIe corps. { XXIIe division, La Chapelle-Saint-Célerin.	2e division, Lombron { 1re brig. au Nord; 2e brig. au Sud.
IVe division de cavalerie, Bonnétable, Chanteloup.	3e division, La Croix.
Quartier général, Connerré.	Réserve et quartier général, Montfort.
XIIe brigade de cavalerie, Bellême.	Lipowski, Oustalet; mobiles de l'Orne, Mamers.

---

[1] *Grand État-Major Prussien* : 2e partie, p. 836-837.— Général DE WITTICH, *Journal de guerre*, p. 377.

12 JANVIER

Le général Chanzy bat en retraite.

OPÉRATIONS JUSQU'A 1 HEURE DE L'APRÈS-MIDI.

A la faveur de la nuit, le 21e corps se replie autour de Savigné-l'Évêque. — Le grand-duc de Mecklembourg cherche à l'envelopper. — Le pays où nous suivrons les manœuvres des XIIIe et 21e corps, le 12 et les journées suivantes, présente de nombreux vallonnements, des haies serrées, beaucoup d'arbres; la vue, même en hiver, y est bornée. L'artillerie ne peut quitter les routes et souvent trouve difficilement des champs de tir; la cavalerie est fréquemment gênée dans son action, du moins en tant que troupe de choc; en revanche, l'infanterie rencontre des abris fréquents et, si elle ne peut faire de feux à grande distance, question qui était moins importante avec le chassepot qu'avec les fusils actuels, elle a l'avantage de tirer à couvert et de s'accrocher aisément aux obstacles de toutes sortes répandus sur sa route.

Le 12 janvier, le temps était froid et nébuleux, toutes les routes gelées et glissantes; le brouillard ne se dissipa que vers midi, circonstance favorable à la retraite du général Jaurès. Mais les troupes françaises, au bivouac, avaient souffert beaucoup de la température rigoureuse.

« La nuit avait été pénible, surtout aux avant-postes, écrit M. Maurice de Possesse, officier dans la garde mobile d'Eure-et-Loir (division Collin); les hommes n'avaient eu que du bois vert pour faire du feu; ils avaient passé la nuit sur des branchages pour ne pas enfoncer dans l'épaisse couche de neige, transis, torturés par une faim de quinze heures; plusieurs eurent les pieds gelés. »

Le général de Treskow [1], le 12 au matin, avait devant lui les divisions françaises Collin et Rousseau. Pour se porter sur Lombron et Montfort—Pont-de-Gennes, il fit marcher la première ligne de sa division en plusieurs colonnes, formées le long du ruisseau de Puiseaux; la deuxième ligne était à La Vallée; la XVIIe brigade de cavalerie, adjointe à la division, fut laissée en réserve à Connerré. Le mouvement ne commença qu'à 9 heures du matin.

Mais la division Rousseau s'était retirée dès 4 heures par la route de Fatines, les bagages et l'artillerie passant par Saint-Corneille; elle avait gagné les hauteurs de La Croix (ouest de Fatines) et y avait trouvé la division Gougeard.

A la même heure, le général Collin avait mis sa division en marche. Après avoir trompé l'ennemi en ranimant les feux de bivouac, protégée par un bataillon d'arrière-garde, la 2e brigade réussit à se replier sur Saint-Corneille; le lieutenant-colonel des Moutis, qui la commandait, n'avait pas de carte routière complète, mais un bon guide le conduisit par des chemins détournés, malheureusement difficiles, pleins de neige, si étroits qu'il fallait passer à la file indienne. La brigade s'arrêta et fit la soupe à l'ouest de Saint-Corneille, dans le parc du château de Perrine.

La 1re brigade opéra sa retraite par les bois de Mondoublerain; elle, aussi, dut suivre des sentiers affreux et couverts de verglas. Partout, d'ailleurs, la retraite s'effectua à l'insu des sentinelles allemandes; vers la fin, seuls quelques uhlans se montrèrent.

Les colonnes de la XVIIe division, vers 10 heures, entrèrent dans Lombron et Pont-de-Gennes inoccupés, mais un grand nombre d'armes et d'effets y avaient été abandonnés ; de nombreux traînards tombaient entre les mains des Allemands. A 10 h. 1/2, la marche reprit lentement sur Saint-Corneille, par la route de Montfort à ce village.

La 2e division française était alors réunie à Saint-Corneille; à 11 heures, le général Collin la ramenait en arrière à Savigné-l'Évêque, la 2e brigade en tête, le convoi entre les deux bri-

---

[1] Les relations de la journée du 12 janvier 1871 présentent des différences de détail ; nous avons suivi les versions les plus logiques.

gades; il laissa le 56e de ligne et les mobiles d'Eure-et-Loir à Saint-Corneille et au château de La Hire; ces troupes avaient l'ordre de tenir jusqu'à « ce qu'elles reçussent celui de battre en retraite ». La division Villeneuve, établie à La Croix où l'inquiétait la cavalerie allemande, protégeait, face au Nord, la fourche de la route du Mans et de celle de Saint-Corneille. Les troupes du général Collin défilèrent à ce point par colonne de sections en bon ordre. Mais à Savigny-l'Évêque, elles eurent le spectacle navrant des fuyards des 16e et 17e corps repoussés par les Allemands, et qui, rebelles aux injonctions de leurs chefs, s'en allaient, avec des cris de : « Trahison, trahison ! »

A midi seulement, l'avant-garde de la XVIIe division se heurta aux positions de Saint-Corneille et fit déployer deux bataillons.

C'était la Xe brigade de cavalerie légère de Krosigk (IVe division) qui était venue harceler les avant-postes de la division de Villeneuve; celle-ci occupait les hauteurs de La Croix avec une brigade; l'autre brigade était conservée en arrière comme réserve. La brigade de cavalerie allemande et une batterie d'artillerie étaient établies sur les coteaux à l'ouest de Chanteloup; le bataillon d'infanterie adjoint à la IVe division de cavalerie était à Chanteloup; ces troupes avaient l'ordre de rester jusqu'à l'arrivée de la XXIIe division.

D'autre part, la VIIIe brigade de cavalerie avait été lancée de grand matin vers la haute Sarthe et s'était heurtée près de Courcebœufs à un détachement de la cavalerie du 17e corps; cette dernière éclairait, depuis le petit jour, tout le pays entre la Sarthe et la route du Mans à Bonnétable.

La VIIIe brigade s'était portée ensuite sur Ballon, où les gardes nationaux, par leur courage, dégagèrent deux pelotons de cavalerie française. Elle se retira de là sur Bonnétable.

Quant à la XXIIe division, pendant la matinée, elle suivit lentement l'itinéraire prescrit.

Le général-major de Wittich avait, dans la nuit, donné l'ordre de marche suivant :

« ..... Le détachement du colonel de Beckerdoff (un régiment, deux escadrons, une batterie, en cantonnement à Saint-Célerin) constituera l'avant-garde de la division. Il se réunira au sud de Saint-Célerin, d'où il partira à 9 heures du matin pour se diriger, par Savigné-l'Évêque, sur Torcé...

« ..... Les troupes sous le colonel de Röhl, et toute l'artillerie divisionnaire, seront rendues à 9 heures au sud de La Chapelle et suivront immédiatement l'avant-garde ; la brigade de cavalerie de Schauroth sera réunie, à 10 heures, à l'est de La Chapelle et suivra le détachement du colonel de Röhl... [1]»

Le général de Wittich croyait que le général Collin occupait encore au matin les hauteurs de Lombron et du Tertre, et craignit que son concours ne fût nécessaire à la XVIIe division, si elle avait un combat à livrer ; il proposa son aide au général de Treskow en vue d'une combinaison possible et disposa ses troupes de façon à pouvoir les engager dans n'importe quelle direction, sans commencer son mouvement vers l'Ouest. Il n'apprit qu'à une heure avancée, par un avis de la XVIIe division, l'inutilité de son intervention immédiate, et se mit alors en marche ; mais ce retard ne devait permettre à son avant-garde d'arriver à Chanteloup qu'entre 1 heure ou 2 heures.

Opérations depuis 1 heure de l'après-midi jusqu'au soir. — Retraite définitive du 21e corps.—Pendant que l'armée du grand-duc de Mecklembourg se disposait ainsi, lentement, il est vrai, à envelopper le 21e corps, les Xe, IIIe et IXe corps d'armée allemands avaient, dès l'aube, commencé l'attaque et repoussé la droite et le centre français. A 8 h. 1/2 du matin, le général Chanzy, contraint de céder à la nécessité [2], ordonnait la retraite.

Le général Jaurès ne reçut qu'à 1 heure de l'après-midi l'ordre du jour suivant, apporté par M. Laprade, officier d'ordonnance du général Chanzy. Le général Jaurès se trouvait alors à Savigné-l'Évêque avec sa réserve.

N° 650. 12 janvier, 8 h. 52. Général Chanzy aux généraux de Colomb et Gougeard à Yvré-l'Évêque.

Extrême urgence.

Amiral déclare qu'il ne peut plus tenir à Pontlieue, tout est,

---

[1] Général DE WITTICH, *Journal*, p. 378. Il avait reçu l'ordre de se mettre en marche à 8 heures.

[2] « Le vice-amiral Jauréguiberry, dit-il, déclare que la retraite est impé-« rieusement commandée. Sur les autres positions, les autres généraux décla-« rent qu'ils ne peuvent plus tenir. Le cœur me saigne, je suis contraint de « céder. »

débandé, la retraite est indispensable. Prenez donc vos mesures pour l'opérer le plus promptement possible, dans les conditions indiquées par mes instructions secrètes.

Faites prévenir de suite et d'urgence le général Jaurès. Opérez lentement, avec ordre, ne laissez personne en arrière, évitez toute débandade, sauvons *au moins* l'honneur.

Tenez-moi renseigné.

P. S. — Si le général Jaurès ne pouvait, vu l'éloignement, se diriger sur Le Mans, qu'il prenne sa retraite, soit sur Neuville, soit sur Beaumont-sur-Sarthe, soit même sur Alençon [1].

Dans ces instructions confidentielles, il était dit que le général Chanzy « ne pouvant se séparer de la pensée que Paris était aux abois, se cramponnant à l'idée d'un mouvement dans cette direction, son but suprême [2] », comptait, le 13, une fois la Sarthe franchie par toute son armée, diriger ses corps vers le Nord : le 21e à Alençon, le 17e à Saint-Denis-sur-Sarthon, le 16e à Prez-en-Pail ; de cette façon, pivotant autour du 21e corps, renforcé par le 19e corps qui, en formation à Cherbourg, devait débarquer à Alençon, il espérait marcher sur Paris par Évreux, son aile gauche appuyée à la Seine.

Le commandant du 21e corps comprit le danger qu'il courait, débordé de tous côtés, Le Mans occupé derrière lui par l'adversaire ; mais il savait le péril d'une retraite de jour ; le brouillard était dissipé et l'usage exclusif des routes imposé par le terrain l'exposait aux coups de l'artillerie ; il sentait surtout l'importance de sa position qui couvrait la *retraite* des autres corps.

« Je tiendrai ici jusqu'au soir, dit-il au lieutenant Laprade, restez avec moi, et vous rendrez compte au général Chanzy de ce que vous aurez vu [3]. »

Dispositions du général Jaurès pour la retraite. — Jaurès laissa les divisions Rousseau et Gougeard se dégager des Allemands et opérer leur retraite. « La division Rousseau dut remonter au Nord

---

[1] JAURÈS, *Le 21e corps*, p. 53.

[2] CHANZY, *Deuxième armée de la Loire*, p. 338. Détail curieux : ces instructions prescrivaient à la cavalerie, peu nombreuse sans doute, de se porter en majeure partie sur les routes de retraite pour arrêter les fuyards.

[3] JAURÈS, *Le 21e corps*, p. 54.

par Sargé, jusqu'à Montreuil, où elle s'établit. Son artillerie qui, pour suivre une route praticable, avait dû traverser Le Mans, y fut un instant en grand danger, l'ennemi y étant en même temps qu'elle; mais elle fut dégagée par le 13e bataillon de chasseurs à pied, commandé par le chef de bataillon Lombard, qui l'escortait[1]. »

La division Rousseau marcha sur Montbizot. D'autre part, la 2e division (général Collin), arrêtée à Savigné-l'Évêque, sous la protection de son arrière-garde qui, au château de La Hire, était aux prises avec la XXIIe division allemande, reçu l'ordre de remonter la route de Ballon et d'enlever, coûte que coûte, Courcebœufs[2], pour couvrir l'accès des ponts de Montbizot et de Beaumont. Jaurès comptait opérer sa retraite par ces ponts, dont un seul d'ailleurs, celui de Montbizot, était praticable à l'artillerie[3].

Quant à la division du général de Villeneuve, renforcée par 1,000 hommes des mobiles du Gard (réserve), elle devait, pendant ce temps, tenir la position de La Croix, contre les masses considérables signalées vers Chanteloup et Sillé-le-Phillipe.

En outre, le chef du 21e corps jeta un bataillon de marins sur la route d'Yvré-l'Évêque, pour arrêter les colonnes allemandes qui pourraient déboucher de ce côté, et plaça enfin sur la route du Mans ses troupes les plus solides, marins et Volontaires de l'Ouest.

A tous était donné l'ordre de tenir à tout prix jusqu'à la nuit.

Tandis que le général Jaurès prenait ces nouvelles dispositions de combat, les Allemands continuaient leur marche enveloppante.

---

[1] JAURÈS, *Le 21e corps*, p. 52.

[2] D'après les concordances d'heures que nous avons cherché à établir, Courcebœufs, à ce moment, n'était plus occupé par la VIIIe brigade de cavalerie et ne l'était pas encore par la colonne mixte du général de Bernhardi, dont nous parlerons plus loin. Jaurès, sans doute, croyait ce village encore aux mains de la VIIIe brigade. — (Cet ordre est tiré de la relation du 21e corps.)

[3] Le pont de Beaumont, en effet, était suspendu ; la 2e division s'en servit pour ses attelages non sans difficultés. « Le passage du pont suspendu sur la Sarthe demanda un temps énorme, écrit le capitaine de Possesse, de cette division. Je ne pouvais m'empêcher de penser à la fameuse catastrophe du pont d'Angers. Les compagnies passaient une à une, et les voitures ne s'engageaient sur le tablier du pont que lorsque la précédente l'avait quitté. On peut donc juger de la durée de l'opération. »

Combat de Saint-Corneille. — L'avant-garde de la XVIIe division allemande s'était heurtée à l'arrière-garde de la 2e division française (56e de marche et mobiles d'Eure-et-Loir), au château de La Hire. Le front de combat français était formé par le chemin qui suit le bas du plateau et relie les deux routes de Saint-Corneille à Montfort et à Fatines. Deux bataillons allemands s'étaient déployés pour l'attaque et débordaient la position à droite et à gauche ; un régiment d'infanterie s'était rapproché entre temps comme soutien. Malgré la fuite partielle des mobiles d'Eure-et-Loir, qui ébranla tout d'abord les lignes françaises, la résistance se maintint contre les Allemands qui hésitaient à engager des renforts. Mais l'avant-garde de la XXXVe brigade d'infanterie (IXe corps), après la prise du plateau d'Auvours évacué par les divisions Gougeard et Rousseau, s'était avancée sur Saint-Corneille, conformément à l'ordre reçu. Trois compagnies se déployèrent à gauche de l'avant-garde de la XVIIe division jusqu'à La Perrine. Vers 4 heures enfin, les bataillons allemands « se jetèrent sur l'adversaire aux cris de : « Hurrah ! » ; Saint-Corneille fut enlevé de vive force, ainsi que le château ; cinq cents Français demeuraient prisonniers[1] ». Le vainqueur s'illustra de plus par le pillage de l'église.

Les débris des troupes françaises se replièrent sur Savigné-l'Évêque et, de là, sur Ballon[2], dont le général Collin avait, depuis deux heures déjà, pris le chemin.

Voyons ce qui se passait, pendant le même temps, sur la route de Bonnétable.

La division de Villeneuve, établie à la position de La Croix, avait été harcelée par la Xe brigade de cavalerie, renforcée d'un bataillon et d'une batterie. L'avant-garde de la XXIIe division allemande (95e d'infanterie, 2e et 3e escadron du 13e hussards, 3e batterie lourde), commandée par le colonel de Beckerdorff, arriva entre 1 heure et 2 heures devant Chanteloup[3], et releva la Xe brigade qui rétrograda sur Beaufay.

---

1 *Grand Etat-Major prussien*, 2e partie, p. 838.

2 Grenest, *L'Armée de la Loire*, p. 336. — Chanoine Provost, *La garde mobile d'Eure-et-Loir*, p. 210.

3 *Grand Etat-Major prussien*, 2e partie, p. 839. — Général de Wittich, *Journal*, p. 379, 380.

Combat de La Croix. — Le gros de la colonne serra sur Chanteloup. Les deux escadrons de hussards (avant-garde) furent envoyés, l'un à droite, l'autre à gauche, ce dernier avec mission spéciale de se relier à la XVIIe division. En même temps, le colonel de Beckerdorff fit avancer le bataillon de fusiliers du 95e par la route, plaça sa batterie lourde sur les hauteurs au nord-ouest de Chanteloup, et fit déboîter à droite le 2e bataillon avec mission de se porter contre notre gauche et de servir de soutien à l'artillerie.

Cette dernière ne put continuer longtemps son tir ; le terrain, en effet, s'y prêtait tellement peu que les batteries du gros ne purent trouver de position convenable.

Cependant, les deux bataillons du 95e s'avançaient, prolongés sur leur gauche par deux compagnies du 1er bataillon. Un bataillon du gros $\left(\frac{I}{94^{e}}\right)$ flanquait le mouvement par Sillé-le-Phillipe, mais attardé dans des chemins difficiles, ne put prendre part à l'attaque de La Croix.

Vers 4 h. 1/2, le général de Villeneuve, sachant Saint-Corneille aux mains de la XVIIe division, rétrograda, non sans abandonner de nombreux traînards. Il replia sa 1re brigade sur Savigné-l'Évêque, où elle remplaça la réserve que le général Jaurès emmenait alors vers La Guierche, et, avec la 2e brigade, il se disposa à défendre la fourche des routes de Bonnétable et de Saint-Corneille; ce point avait été solidement barricadé face à Bonnétable, et les fermes de la route de Saint-Corneille, à l'est du ruisseau de Vive-Parance, avaient été mises en état de défense.

Comme le jour baissait, le général de Wittich renvoya la brigade de Schauroth à Bonnétable, dans ses cantonnements, sauf deux escadrons destinés au service d'avant-postes. Il se disposait à marcher ensuite sur Savigné-l'Évêque, pensant n'avoir plus personne devant lui.

Mais le comte de Lautrec, commandant le 78e régiment de mobiles, avait placé un bataillon sur la route de Bonnétable, en avant du château de Touvois (bataillon du commandant Arnoud), appuyé par un bataillon du Finistère et un autre du Lot-et-Garonne; trois compagnies, sous les ordres du capitaine Saget, déployées en avant du château de Touvois, reçurent les Allemands par une décharge générale, continuée par une fusillade nourrie; l'avant-garde de la XXIIe division n'avança pas plus loin. Cette division avait fait 3,000 prisonniers pendant la journée, mais un tiers environ put s'échapper à la faveur de la nuit.

Pendant ce temps, l'avant-garde de la XVIIe division avait franchi Saint-Corneille et se dirigeait vers la route du Mans à Bonnétable ; en avant du ruisseau de Vive-Parance, elle rencontra dans des fermes organisées défensivement les mobiles du Calvados; le lieutenant-colonel Labarthe tint vaillamment tête à l'ennemi; son ardeur soutenait le courage des jeunes troupes : « Allons, en avant, le Calvados, criait-il de sa voix puissante; voyez, cela ne tue pas, les balles[1]. »

A la fin, il fallut reculer, car la tête de la XXXVe brigade commençait à se montrer. Ce ne fut pas sans faire éprouver des pertes sensibles aux Allemands; quand ceux-ci se présentèrent pour franchir le pont de la Vive-Parance, le commandant de La Rougefosse avertit son bataillon de l'approche de l'ennemi et fit apprêter les armes; un feu de bataillon arrêta court les Allemands, qui ripostèrent, épeurés, par un feu mal ajusté.

La nuit tombait; l'avant-garde de la XVIIe division fit halte auprès de La Grande-Houssaye, avec des avant-postes le long de la Vive-Parance; le gros de la division cantonna entre Saint-Corneille et Pont-de-Gennes. La XXXVe brigade revint à Fatines. Le grand-duc de Mecklembourg établit son quartier général à Montfort.

Le général de Villeneuve, de son côté, prit ses dispositions de retraite et engagea ses colonnes sur les différentes routes qu'elles devaient suivre. A 8 heures du soir, le mouvement commença vers Souligné-sous-Ballon.

Le général de Wittich plaça ses avant-postes à Chanteloup et La Croix, avec des petits postes sur la route et aux abords; les patrouilles, lancées à plusieurs kilomètres en avant, ne rencontrèrent pas de Français. Le gros de la XXIIe division chercha un gîte en arrière jusqu'à Beaufay et Torcé[2].

---

[1] Grenest, *L'Armée de la Loire*, p. 330, 336.

[2] Pour les combats de La Croix et de la Vive-Parance, nous nous sommes efforcé de coordonner les récits français et allemands : voir *Grand Etat-Major*, p. 838, 839, 840. — Wittich, p. 380, 381, 382, 384 et 385. — Jaurès, p. 54 et 55. — Chanzy, p. 335, 336, 585, 586. — Grenest, p. 325 et suivantes.

Cependant, la Xe brigade de cavalerie, à l'arrivée de la XXIIe division allemande, avait rétrogradé sur Beaufay; de là, le général de Bernhardi chercha à gagner la Sarthe avec une colonne composée d'un bataillon d'infanterie, d'un escadron de dragons et des deux tiers d'une batterie à cheval. Au village de Courcebœufs, qu'il venait d'occuper, il heurta la 2e division française, en route de Savigné-l'Évêque sur Ballon.

Combat de Courcebœufs. — Les troupes françaises se comportèrent vaillamment; les francs-tireurs manceaux firent preuve d'énergie; le 1er bataillon des mobiles de l'Orne se porta à la baïonnette sur le village, mais il allait être ramené quand trois compagnies du 41e de marche, commandées par le capitaine Lévy, l'aidèrent à se rendre maître de Courcebœufs. Les Allemands battirent en retraite, non sans peine, car le peu de largeur des chemins ne permettait pas de faire faire demi-tour aux attelages et rendait difficile le mouvement en arrière de l'artillerie; la nuit seule sauva nos ennemis.

La 2e division reprit à 7 heures la marche sur Ballon; elle y bivouaqua sur de bonnes positions (à 10 heures, dit le général Chanzy; — à minuit, suivant le lieutenant-colonel des Moutis).

De son côté, la IVe division de cavalerie cantonnait ses trois brigades à Bonnétable et à Aulaine.

Enfin, sur la route d'Yvré-l'Évêque, le bataillon de fusiliers-marins eut un brillant engagement[1].

A 5 heures du soir, Jaurès avait quitté Savigné-l'Évêque et s'était porté avec la réserve à La Guierche, pour surveiller le mouvement de retraite de la 1re division et de la division de Bretagne; cette dernière défilait derrière la division Rousseau; le général Jaurès ordonna pour les divisions une halte de quatre heures, afin de laisser aux convois attardés le temps de se replier sûrement. Le 13, à 2 heures du matin, le mouvement reprenait.

En résumé, les deux divisions d'infanterie du XIIIe corps, dans leur mouvement de tenaille sur Savigné-l'Évêque, n'avaient enserré que le vide; la IVe division de cavalerie, qui devait être

---

[1] JAURÈS, *Le 21e corps*, p. 55. Les Allemands n'en font pas mention.

lancée vers l'Ouest pour arrêter les fuyards échappés au désastre, timidement engagée, avec des effectifs réduits, contre des colonnes françaises maintenues en ordre, n'avait obtenu aucun résultat; elle n'avait même pas réussi à couper la voie ferrée. Pendant ce temps, le général Jaurès, sous la protection d'une seule division, mettait ses trois autres à l'abri.

La manœuvre du grand-duc de Mecklembourg avait échoué.

Le même jour, le 16e corps français se retirait par la route de Laval, le 17e par celle de Conlie et d'Évron, jusqu'aux points où ils devaient se redresser sur la ligne Prez-en-Pail—Alençon.

Le prince Frédéric-Charles occupait Le Mans avec le Xe corps, qui y couchait en cantonnements d'alerte, ainsi qu'une partie du IIIe corps; le reste de ce dernier corps s'établissait à Changé; le IXe cantonnait entre Saint-Mars-la-Bruyère et Champagné, avec sa XXXVe brigade à Fatines.

Positions le 12 janvier au soir (vers 8 heures).

ALLEMANDS.	FRANÇAIS.
Xe corps, Le Mans.	16e corps, route du Mans à Laval.
IIIe corps, Le Mans, Changé.	17e corps, route de Conlie à Evron.
IXe corps, Saint-Mars-la-Bruyère, Champagné.	»
XIIIe corps. { XVIIe division, Saint-Corneille à Pont-de-Gennes. XXIIe division, Beaufay à Torcé.	21e corps. { 1re division. 4e division. Réserve.... } La Guierche. 2e division, en marche de Courcebœufs vers Ballon. 3e division, en marche de Savigné vers Souligné.
IVe division de cavalerie, Bonnétable, Aulaine.	
Quartier général, Montfort.	
»	
XIIe brig. de caval., Bellême, en face de	Lipowski, Oustalet à Mamers; mobiles de l'Orne à Neufchâtel.

13 JANVIER

Jaurès ramène tout son corps d'armée à l'ouest de la Sarthe. — Poursuite lente du grand-duc de Mecklembourg.

La retraite de la deuxième armée de la Loire sur la ligne Alençon—Prez-en-Pail ne fut pas approuvée par le Gouvernement de la Défense nationale, et le général Chanzy reçut le 12 au soir l'ordre de se replier sur Laval et Mayenne.

Dispositif de retraite du général Chanzy. — En conséquence, il prescrit au 21e corps de se retirer par la ligne Sillé-le-Guillaume, Evron, Montsurs, Montflours; au 17e, de faire le même mouvement par Parennes, Neuvillette, La Chapelle-Rainzouin, Saint-Jean-sur-Mayenne (au nord de Laval); au 16e, par la route du Mans à Laval.

Ces deux derniers corps se trouvaient dans une désorganisation complète; le 21e corps, au contraire, malgré les fatigues des jours précédents, s'était maintenu en ordre. « Le général en chef, proclama Chanzy à ce sujet, est heureux d'exprimer toute sa satisfaction au général Jaurès pour la façon dont il a conduit pendant les journées des 11 et 12, sa retraite rendue difficile par la disposition de ses divisions, les distances à parcourir et les combats à livrer.

« Il félicite également les troupes du 21e corps, qui, dans cette opération, ont fait preuve d'ordre, de discipline, de ténacité et de vigueur, alors que se produisaient, dans certaines portions de l'armée, des défaillances qui ont amené la retraite du Mans, au moment où nous avions les meilleures chances pour battre l'ennemi[1]. »

---

[1] Chanzy, *Deuxième armée de la Loire*, p. 341.

Après la bataille du Mans, l'armée allemande, à l'exception du XIIIe corps, était très fatiguée [1]; de plus, sa présence pouvait d'un moment à l'autre, être nécessaire, soit sur la Loire, soit sur la basse Seine, et, à cause de cela, le prince Frédéric-Charles avait reçu l'ordre de ne s'avancer vers l'Ouest que le moins possible. D'autre part, l'armée française était rejetée loin de Paris et, sauf le 21e corps, en désordre.

Devant cette situation, le prince Frédéric-Charles groupa la majeure partie de son armée autour du Mans, le Xe corps dans la ville elle-même, le IXe au nord de la ville, le IIIe vers Changé. Il se contenta de donner quatre bataillons, onze escadrons et dix bouches à feu au colonel Schmidt pour opérer la poursuite vers l'Ouest.

Mais le XIIIe corps, cantonné pendant la nuit du 12 au 13 sur la ligne Bonnétable, Chanteloup, Saint-Corneille, reçut l'ordre de continuer sa mission contre le 21e corps; le 13, il devait franchir la Sarthe au-dessus du Mans, afin de poursuivre son adversaire de la veille.

Le colonel Schmidt s'engagea sur la route du Mans à Laval, et, après n'avoir eu le 13 que des escarmouches sans importance contre les arrière-gardes du 16e corps français, alla coucher le soir à Chauffour.

Cependant le 21e corps n'était pas complètement hors d'atteinte, quand à Beaumont, le 13 au matin, le général Jaurès reçut le nouvel ordre de retraite sur la Mayenne. Deux divisions seulement, la 1re et la 4e, étaient à couvert derrière la Sarthe.

Dispositions de Jaurès pour le 13 janvier.— La division Gougeard avait passé la Sarthe à Monthizot et fait une halte prolongée à Saint-Jean-d'Assé. Jaurès la dirigea sur Sillé-le-Guillaume, où elle arriva à 3 heures de l'après-midi.

---

[1] *Grand État-Major prussien*, 2e partie, p. 851 : « Les troupes avaient un urgent besoin de repos, à la suite de cette série ininterrompue de marches et de combats. » Page 843 : « L'infanterie était épuisée par six jours consécutifs de marches et de combats; en présence de ces effectifs appauvris, mal substantés par une alimentation insuffisante, on ne pouvait prétendre à lui demander un nouvel effort. Les effectifs du IIIe corps étaient devenus excessivement faibles, les pertes des derniers jours ayant été considérables, surtout en officiers. » (12 janvier.)

La 1re division (Rousseau) avait passé la Sarthe à Beaumont, sauf, sans doute, son artillerie; elle reçut l'ordre de se porter sur Saint-Rémy-de-Sillé.

La réserve atteignit le même jour Sillé-le-Guillaume.

Le général Jaurès avait sa 3e division (de Villeneuve) à Souligné-sous-Ballon, et la 2e (Collin) à Ballon. Il envoya la 3e division à Neuvillalais (par Montbizot?).

La 2e division eut pour mission de protéger la retraite, en tenant quelque temps la ligne Souligné-sous-Ballon—Ballon; la 1re brigade surveilla Souligné, la 2e brigade Ballon; le 4e bataillon de l'Orne et le 59e de marche allèrent garder le pont de Beaumont.

Le XIIIe corps s'avança vers l'Ouest, cherchant à atteindre ce 21e corps échappé la veille; mais la lenteur de l'offensive, plus grande encore ce jour-là que le 12 janvier, empêcha tout combat sérieux.

Ordres du grand-duc de Mecklembourg le 13 janvier. — Le grand-duc avait prescrit à la XXIIe division de suivre l'itinéraire Ballon--Beaumont, et de s'emparer des passages de Beaumont et de Saint-Marceau sur la Sarthe.

La XVIIe division devait marcher sur Savigné-l'Évêque, puis refouler les troupes françaises devant elle et gagner Neuville, le pont du chemin de fer jeté sur la Sarthe, la route du Mans à Beaumont, et s'avancer le plus possible, tout en couvrant son flanc droit par un détachement placé sur la route de Souligné au Mans.

La liaison entre les deux divisions était confiée à de forts détachements de cavalerie et d'artillerie à cheval.

La IVe division et la XIIe brigade de cavalerie avaient à agir suivant les renseignements fournis par la XXIIe division.

Le 13 au matin, le général de Wittich, après entente avec le général de Bernhardi, prit les dispositions suivantes :

1o Le colonel de Fœrster, avec le 89e régiment d'infanterie, le 2e escadron du 13e hussards, la 6e batterie lourde et une section de pionniers, ira par Courcemont sur Ballon;

2o L'ancienne avant-garde ne quittera pas Chanteloup et La Croix tant que la tête de la XVIIe division n'aura pas atteint Savigné-l'Évêque; cette avant-garde sera alors supprimée;

3° La IXe brigade de cavalerie occupera Chanteloup, se reliera à la XVIIe division et éclairera dans la direction de Courcebœufs ; — la majeure partie de la IVe division restera à Beaufay avec un détachement à Torcé.

En même temps, le général de Bernhardi se disposait à marcher de Bonnétable sur Ballon, avec la VIIIe brigade de cavalerie et le bataillon d'infanterie, tandis que la XIe brigade s'avancerait dans la direction d'Alençon.

A 3 kilomètres à l'ouest de Courcemont, la colonne de Fœrster rencontrait des arrière-gardes de la 2e division française, que le 1er bataillon du 83e refoulait promptement; cette colonne trouva encore à Ballon des détachements de la même brigade qui se repliaient sur Beaumont. Après quelques coups de canon de la 6e batterie lourde, les contingents français qui gardaient ce village, un millier environ de troupes de la marine et de gardes mobiles, s'enfuyaient en désordre sur Beaumont, non sans être chargés à plusieurs reprises par le 2e escadron du 13e régiment de hussards. La XXIIe division resta dans ses cantonnements à Beaufay et à Torcé, tandis que le détachement du colonel de Fœrster s'établissait à Ballon.

La IVe division de cavalerie atteignit ce village avec la VIIIe brigade, la Xe cantonna au sud de Perray que les Français occupaient encore(?), la IXe resta avec la XXIIe division [1].

Un détachement de pionniers, sous la protection d'un demi-peloton de hussards, alla détruire à Teillé la voie ferrée et le télégraphe.

Quant à la XXIIe division, elle se porta par Savigné-l'Évêque sur Neuville et jeta en avant-garde au-delà de la rivière sa flanc-garde de droite, forte d'un bataillon d'infanterie, un peloton de dragons et deux pièces, occupa Souligné, après un combat contre l'arrière-garde de la 1re brigade du général Collin.

Pendant ce temps, le gros de la division Collin s'était retiré sur Beaumont, et n'y fut réunie qu'à 10 heures du soir. Le passage du pont fut excessivement long, comme il a été dit ; la

---

[1] *Grand État-Major prussien*, 2e partie, p. 853 ; lieutenant-colonel DES MOUTIS, *Mobiles de l'Orne*, p. 145 ; Général DE WITTICH, *Journal*, p. 389, 390, 391, 392, 393.

2e brigade dut rester toute la nuit debout sur la route couverte de neige. Enfin, « le 14, après cette nuit effroyable, soixante-« douze heures de marche, de combats sans aucun repos, et par « une neige affreuse, la 2e division arrivait à Ségrie vers « 10 heures du matin[1]. » Les mobilisés de la Mayenne, envoyés depuis le 12 à Fresnay et à Beaumont[2], furent laissés à la garde du pont, avec ordre de le faire sauter quand le moment serait venu.

Le 21e corps avait échappé au grand-duc de Mecklembourg.

Positions le 13 janvier au soir.

ALLEMANDS.	FRANÇAIS.
Colonel Schmidt (4 bataillons, 11 escadrons, 10 canons), en face de Chauffour.	16e corps, route de Laval.
Xe corps, Le Mans.	17e corps, Conlie.
IXe corps, nord du Mans.	»
IIIe corps, Changé.	»
XIIIe corps. { XVIIe division, Neuville.	21e corps. { 1re division, St-Rémy-de-Sillé.
XIIIe corps. { XXIIe division, Beaufay-Torcé (Ballon).	21e corps. { 3e division, Neuvillalais.
IVe div. de caval. { IXe brigade, Beaufay (avec XXIIe division).	21e corps. { 4e division, Sillé-le-Guillaume.
IVe div. de caval. { VIIIe brigade, Ballon.	21e corps. { Réserve, Sillé-le-Guillaume.
IVe div. de caval. { Xe brigade, Perray.	21e corps. { 2e division, Beaumont, en marche sur Segrie.
XIIe brig. de caval., Bellême, en face de	Lipowski, Oustalet à Mamers; mobiles de l'Orne à Neufchâtel.

[1] Lieutenant-colonel DES MOUTIS. *Mobiles de l'Orne*, p. 145.
[2] Archives de l'Orne.

14 JANVIER

Le XIIIe corps serre sur Beaumont. — Prise de Beaumont. — Le grand-duc de Mecklembourg se dispose à poursuivre sur Alençon le 21e corps pendant que celui-ci se groupe autour de Sillé-le-Guillaume.

L'État-Major prussien écrit ce qui suit (13 janvier au soir) : « Les renseignements recueillis au sujet de la retraite de l'adversaire recevaient une nouvelle confirmation par les documents officiels émanant des autorités françaises et trouvés tant dans les voitures de bagages qu'au bureau télégraphique du Mans. Une dépêche de l'intendant de l'armée en date du 12, indiquait que les convois et les parcs des 16e et 17e corps avaient rétrogradé respectivement sur Laval et sur Sillé-le-Guillaume, tandis que ceux du 21e corps s'étaient dirigés sur Alençon. »

Ce renseignement avait trait au projet de retraite sur Alençon, qui ne reçut d'ailleurs aucune exécution et ne détermina pas la retraite du 21e corps dans la direction du Nord-Ouest : l'occupation du Mans forçait, le 12, le général Jaurès à se diriger sur Beaumont, que sa direction de marche pour les jours suivants soit la Mayenne ou Alençon.

Le prince Frédéric-Charles ne changea pas ses dispositions générales ; il cantonna seulement le IIIe et le IXe corps un peu plus près du Mans. Le Xe corps envoya une petite colonne commandée par le colonel Lehmann sur Conlie, qui fut trouvé inoccupé. Enfin, complètement persuadé que le 21e corps se retirait sur Alençon, si divergente que fût cette direction par rapport à à celle indiquée pour les 16e et 17e corps français, le généralissime allemand donna l'ordre au grand-duc de Mecklembourg de

« suivre le 21e corps français sur Alençon, puis de prendre une « position d'attente aux environs de cette ville [1] ».

Or, ce corps d'armée, le général Chanzy le groupait le 14 autour de Sillé-le-Guillaume ; pendant ce temps, le 17e corps régularisait ses positions autour de Parennes, et le 16e, heurté par le colonel Schmidt à Longne et Chassillé, allait s'établir le soir à Sainf-Jean-sur-Erve. La démoralisation était extrême dans les 16e et 17e corps. « La cohue des fuyards est inimaginable, ils renversent les cavaliers qui s'opposent à leur passage, ils sont sourds à la voix de leurs officiers [2]. »

Le grand-duc de Mecklembourg, le 13 au soir, était, lui aussi, persuadé que le 21e corps se retirait sur Alençon, et il avait donné l'ordre à la XVIIe division de rester dans ses cantonnements, tandis que la XXIIe division s'emparerait des passages de Beaumont et de Saint-Marceau ; la IVe division de cavalerie devait rester dans ses cantonnements, mais évacuer Ballon.

Quand le prince Frédéric-Charles lui eût confirmé que le 21e corps avait pris la direction d'Alençon et donné l'ordre de l'y suivre, il prescrivit à la XXIIe division de pousser son avant-garde jusqu'à La Hutte, — à la XVIIe division d'amener sa tête sur la ligne Saint-Marceau—Ballon, — à la IVe division de cavalerie de cantonner sur la route de Ballon à Mamers, et de faire reconnaître la route Marolles, Ancines, Alençon.

Nous allons donc assister, le 14 et le 15 janvier, à la marche d'un corps considérable égaré à la recherche d'un ennemi retiré sur son flanc gauche.

Le général de Wittich, commandant la XXIIe division, ordonna au détachement de Fœrster, renforcé d'un escadron de hussards (83e d'infanterie [3], $\frac{\text{2, 3e esc.,}}{\text{13e huss.}}$ 6e batterie lourde), de se porter de Ballon sur Beaumont et de se maintenir dans cette ville, en éclairant dans les directions de Fresnay, Alençon et Mamers. La brigade de cavalerie de Schauroth (IXe), réduite à quatre escadrons, devait pousser par Courcebœufs et Ballon, vers Saint-

---

[1] *Grand État-Major prussien*, 2e partie, p. 853.
[2] Chanzy, *Deuxième armée de la Loire*.
[3] Moins une compagnie retirée à Ballon pour la garde des prisonniers.

Marceau, en se reliant avec la XVIIIe division (IXe corps au nord du Mans) et en éclairant dans la direction de Sillé-le-Guillaume.

Le reste de la division fut réuni au matin à Courcemont ; elle serra pendant la journée sur Beaumont [1].

Le détachement du colonel de Fœrster fit marcher trois compagnies du 1er bataillon du 83e, suivies du bataillon de fusiliers, par Marersché sur Beaumont, pendant que la quatrième se dirigeait par Teillé sur Saint-Marceau. Cette dernière rencontra un convoi français aux environs de cette localité, dispersa l'escorte, s'empara des ponts de la Sarthe ; 380 prisonniers et 48 voitures, chargées de munitions pour la plupart, étaient ramenés à Ballon.

Pendant ce temps, les trois compagnies du $\frac{I}{83^e}$ rencontrèrent vers 8 heures, en avant de Beaumont, vers Maresché, un détachement français ; celui-ci, attaqué sur-le-champ, fut mis en déroute et laissa 300 prisonniers et 200 têtes de bétail avec quelques voitures de vivres.

Combat de Beaumont. — Mais la route de Saint-Marceau et la partie du périmètre de Beaumont tournée vers la Sarthe étaient occupées par les mobilisés de la Mayenne (6,000 environ) ; de plus le brouillard gênait l'offensive.

A 10 heures, les fusiliers, puis le reste de l'avant-garde arrivèrent ; une section de la VIe batterie lourde prit position devant le pont et ouvrit un passage à l'infanterie ; les mobilisés de la Mayenne ne firent pas sauter le pont comme le prescrivait l'ordre du général Chanzy et opposèrent une faible résistance à l'intérieur de la ville ; vigoureusement canonnés, ils se replièrent sur Saint-Denis-sur-Sarthon et sur Alençon [2].

Le colonel de Fœrster s'avança jusqu'à Piacé ; deux bataillons, l'artillerie et la cavalerie cantonnèrent dans cette localité et à Saint-Germain-de-la-Coudre ; le bataillon de fusiliers fournit les avant-postes à La Hutte ; des reconnaissances de cavalerie furent envoyés sur Ségrie et Fresnay.

---

[1] Général DE WITTICH, *Journal*, p. 895 et suivantes.
[2] *Grand État-Major prussien*, p. 856.

Le gros de la XXIIe division avait suivi, à 9 heures, par Courcemont sur Beaumont, où il prenait ses quartiers, ainsi qu'à Vivoin et Mareschė; il établit des avant-postes dans les directions de Sillé-le-Guillaume et de Fresnay. Les issues à l'ouest de Beaumont furent mises en état de défense.

La IXe brigade de cavalerie cantonnait à Teillé; elle était arrivée à Saint-Marceau après que la compagnie du 83e eut occupé ce village.

La XVIIe division, cheminant sur deux rives, serra sur Saint-Marceau et Ballon.

La IVe division de cavalerie prit, le soir, ses cantonnements à Dangeul.

La XIIe brigade de cavalerie quitta enfin Bellême, et marcha sur Mamers, évacué par Lipowski, qui se retira à Alençon ainsi que les mobilisés de l'Orne et d'autres corps francs.

Le 14 à midi, le prince Frédéric-Charles, craignant une résistance de Chanzy autour de Sillé-le-Guillaume, donnait l'ordre au Xe corps et à la VIe division de cavalerie de s'avancer le lendemain 15 dans la direction de Conlie.

Il est intéressant de mentionner que tous les ordres de poursuite du prince Frédéric-Charles, pendant les journées que nous étudions, reçurent l'approbation du roi Guillaume et du maréchal de Moltke [1].

Positions le 14 janvier au soir.

ALLEMANDS.	FRANÇAIS.
Colonel Schmidt, Longne et Chassillé.	16e corps, Saint-Jean-sur-Erve.
Colonel Lehmann, Conlie.	21e corps, Sillé-le-Guillaume.
Xe, IIIe, IXe corps, Le Mans.	17e corps, Parennes.
XIIIe corps: XVIIe division, Saint-Marceau, Ballon.	Lipowski, etc., Alençon.
XIIIe corps: XXIIe division, Beaumont.	
IVe division de cavalerie, Dangeul.	
XIIe brigade de cavalerie, Mamers.	

[1] *Correspondance militaire du maréchal de Moltke*, 2e vol., n° 619.

15 JANVIER

Combat d'Alençon.

Le 15 janvier, le grand-duc de Mecklembourg poussa ses différents corps sur Alençon, dans un ordre méthodiquement combiné pour repousser les fractions qui s'opposeraient à sa marche. Mais les forces françaises qu'il y trouva n'étaient pas celles qu'il comptait rencontrer.

Alençon pendant la guerre[1]. — Alençon (à l'époque de la guerre 15,000 habitants), ville ouverte bâtie en majeure partie sur la rive droite de la Sarthe, et à cette époque reliée par deux ponts seulement au faubourg de Montsort, s'élève au milieu d'une plaine que bordent au Sud, à environ 6 kilomètres, de forts escarpements, et, au Nord et à l'Ouest, à une distance un peu plus considérable, de grandes forêts accidentées.

La population était fort pacifique.

Cependant la déclaration de la guerre, si acclamée en France, avait soulevé chez elle presque de l'enthousiasme, — enthousiasme passager car les revers commencèrent, nombreux et ininterrompus. Rien de navrant comme de feuilleter aujourd'hui les dépêches officielles affichées chaque jour alors à la porte des préfectures, — avec leurs continuels encouragements, leurs perpétuels espoirs et leurs décevantes annonces de défaites : Rezonville, Mars-la-Tour, Sedan, Metz !

Aussi les Alençonnais demeuraient hésitants et inquiets, mal-

---

[1] Archives de l'Orne. — Délibérations du conseil municipal. — Beaudouin, *L'Occupation d'Alençon par les Prussiens en 1871.*

gré les paroles vibrantes[1] de Gambetta et son patriotisme confiant.

La proclamation de la République amena des changements de fonctionnaires : le préfet de l'empire : M. de Magnitot, céda sa place à M. Christophle. Ce dernier institua en septembre, par ordre du gouvernement, un comité militaire de défense, d'abord sous sa présidence, et en octobre sous celle du général commandant la subdivision, le général de Malherbe : c'était un ancien soldat de Crimée et du Mexique, à qui l'âge ne permit pas de jouer un rôle proportionné à son grade et à son expérience. Quant au conseil municipal, comprenant la nécessité de se serrer autour d'un pouvoir central, quel qu'il fût, il donna son adhésion au nouveau gouvernement.

Cependant on avait mis sur pied la garde mobile ; la garde nationale sédentaire avait été réorganisée, la garde mobilisée créée. Le comité et le conseil municipal achetèrent des armes partout, chassepots, snyders, carabines Minié, antiques fusils à piston. La diversité des modèles compliqua la question des munitions. L'habillement des troupes ne se faisait pas sans peine.

Le comité de défense chercha aussi à assurer la protection du département ; les systèmes les plus impraticables, les plus étranges lui furent du reste proposés, nouveaux modèles de fortifications, engins foudroyants inédits, etc.

On releva dans le département cinq lignes de défenses naturelles face à l'Est ; sur un certain nombre de routes, des abatis d'arbres et des coupures furent exécutés ou du moins projetés. Chaque commune dut fournir un système d'estafettes et de patrouilles.

Vers les derniers jours de novembre, Alençon s'émut forte-

---

[1] « ...Vous combattez pour le salut même de la patrie, disait-il, pour vos foyers incendiés, pour vos familles outragées, pour la France, notre mère à tous, livrée aux fureurs d'un implacable ennemi. Guerre sainte et nationale, mission sublime pour le succès de laquelle il faut, sans jamais regarder en arrière, nous sacrifier tous et tout entiers... » (Archives de l'Orne.)

« M. Gambetta... apportait précisément ce qui manquait aux deux autres (Crémieux et Glais-Bizoin), la confiance et l'énergie de la jeunesse. Il a créé des armées et les a dirigées, il s'est trompé, mais je ne puis accuser sa bonne foi. Il croyait bien faire, car il aimait son pays et il voulait le tirer d'affaire. » (*Enquête parlementaire*. Déposition du général Chanzy, I, III, p. 213.)

ment. Le département était envahi : la subdivision d'armée du grand-duc de Mecklembourg-Schwerin protégeant du côté de l'Ouest l'investissement de Paris, avait repoussé la colonne Rousseau, l'un des noyaux du 21e corps que Jaurès allait former. Cette colonne, partie du Mans dans la direction de Paris, avait eu le 20 novembre un léger engagement aux environs de La Loupe; le 21, deux combats malheureux étaient livrés à Bretoncelles et à La Madeleine-Bouvet. Le 22, le grand-duc dirigeait ses colonnes de tête, l'une (XXIIe division) vers Nogent-le-Rotrou et Bellême, l'autre (XVIIe division) vers Rémalard, puis Bellême. Pendant ce temps, la colonne Rousseau se repliait en désordre sur Mamers, où Jaurès la retrouvait pour la ramener à La Hutte, et de là au Mans par voie ferrée.

Le 23, Bellême et Mamers étaient occupés, et le gros de la XVIIe division descendait sur Saint-Cosme. Mais le 24, le prince Frédéric-Charles appela le grand-duc de Mecklembourg pour coopérer aux opérations dirigées contre Orléans. Alençon retrouva le calme.

Le mois de décembre fut employé à continuer quelques travaux de défense, à perfectionner la rudimentaire organisation des mobilisés ; on chercha même à créer une batterie d'artillerie, en exécution d'un ordre du gouvernement, mais à l'armistice elle n'avait pas encore de canon. Les mobilisés cependant, d'après les rapports de leur colonel, se munirent de six petites pièces, obusiers de montagne.

Ce fut à cette époque que Gambetta changea les conseils généraux en Commissions administratives ; le préfet d'Alençon profita de la circonstance pour démissionner. Gambetta le remplaça par M. Antonin Dubost, qui prit possession de son poste le 5 janvier 1871. C'était un homme alors fort jeune, vingt-sept ans seulement. Il se montra plein d'ardeur, mais cette nomination amena des complications de politique locale, qui gênèrent la préparation logique et totale de la défense.

Les Allemands approchaient. Les troupes placées sous les ordres du grand-duc de Mecklembourg avaient été réduites et formaient le XIIIe corps (la composition en a été donnée); le 3 janvier, ce corps quittait les abords de Chartres pour marcher vers l'Ouest et menacer la gauche de Chanzy.

Alençon était protégé de ce côté par l'extrême gauche du

général Chanzy, c'est-à-dire par la colonne mobile du colonel de Lipowski, dont nous avons déjà parlé, par d'autres corps francs moins importants, et enfin par les mobilisés de l'Orne[1], particulièrement par la légion du colonel Raulin.

Mais le 7 janvier, Raulin dut évacuer Rémalard, où la 12e brigade entra le 8. Lipowski se trouvait alors à Bonnétable.

Le 11 janvier, Alençon apprenait les résultats favorables que Chanzy avait obtenus pendant la journée en luttant contre le prince Frédéric-Charles en avant du Mans.

D'autre part, M. de Freycinet, sur la demande du général Chanzy, avertit le même jour M. Antonin Dubost que les deux premières divisions du 19e corps, soit 30,000 hommes, arriveraient à Alençon par voie ferrée et débarqueraient le 16 courant. « Je vous demande de faire les plus énergiques efforts pour résister jusque-là », ajoutait le ministre. Alençon devenait dès lors un point stratégique des plus importants.

Le 12 janvier, à 3 h. 30 du soir, on reçut encore des nouvelles satisfaisantes au sujet de la 2e armée de la Loire, bien que la retraite fut commencée depuis longtemps.

Mais à 3 h. 40, les communications télégraphiques avec Le Mans étaient coupées ; à 6 h. 15 le gouvernement de Bordeaux transmettait par un autre fil la dépêche par laquelle Chanzy annonçait sa défaite, mais cette dépêche n'indiquait pas la direction de retraite projetée pour l'armée française.

Le colonel de Lipowski apprit à Bonnétable la défaite du Mans ; il se disposait à se retirer sur Alençon. A Igé, il reçut l'ordre du général Chanzy de se porter sur cette ville et de s'y maintenir aussi longtemps que possible, afin de couvrir la gauche française[2].

Nous avons vu que le 12 janvier il venait à Mamers, ainsi que quelques compagnies franches opérant isolément dans la région. Le même jour, les légions des mobilisés de l'Orne étaient : Raulin et Poirier à Neufchâtel ; la légion Buffard au Mesle-sur-Sarthe. Le préfet d'Alençon qui avait reçu les mobilisés de la Mayenne,

---

[1] 3 légions, Tardy, colonel { 1re légion, Lt-col. Poirier (1,800 h.). 3 bat.
2e légion, Lt-col. Buffard (2,000 h.). 3 —
3e légion, Lt-col. Raulin (2,100 h.). 4 —

Ces troupes étaient mal équipées, mal armées et peu aguerries.

[2] Communication du général de Lipowski.

en envoya un détachement à ce dernier. Un autre plus important (6,000 hommes) alla occuper Fresnay et Beaumont; on sait quelle conduite ces soldats tinrent le 14 janvier.

Alençon, qu'éprouvait la variole, vivait dans une grande anxiété. Le 14, des fuyards de Beaumont annoncèrent l'arrivée des Allemands. Les mobilisés de l'Orne, les corps francs entrèrent en ville. Le soir arriva la colonne mobile du colonel de Lipowski. Ce dernier trouva la situation tendue entre le préfet, qui se montrait fort d'ordres directs de Chanzy et de Freycinet, et le comité de défense qui prétendait au commandement suprême. D'autre part, la population, tremblante, était disposée à recevoir les Allemands sans combattre[1]; le comité de défense et le conseil municipal n'étaient pas hostiles à l'idée de quelque résistance, à l'aide de grand'gardes envoyées sur les routes. M. Antonin Dubost, comprenant l'impatience que présentait la conservation d'une ville où le débarquement d'un corps d'armée était imminent[2], voulait tenter une lutte à outrance : il en avertit le conseil municipal, s'appuyant sur la réception d'ordres spéciaux qu'il publia plus tard[3]. Il essaya en vain d'enflammer la population[4].

Le préfet partagea ses pouvoirs avec le colonel de Lipowski et le colonel Tardy, commandant les mobilisés de l'Orne. L'arrivée tardive du colonel de Lipowski, le 14, empêcha celui-ci de porter le gros de ses troupes en avant de la ville le soir même.

Le 15 janvier au matin, les troupes suivantes se trouvaient réunies à Alençon :

1° Les troupes du colonel de Lipowski, qui allaient retrouver dans la 22e division allemande les adversaires de Châteaudun :

---

[1] Communications de nombreux témoins.

[2] Chanzy, *Deuxième armée de la Loire*, p. 582, 587, 588, 590.

[3] Antonin Dubost, *Note explicative sur les circonstances du combat d'Alençon*,

[4] Cette apathie était un fait commun dans ces régions : « Il faut bien le dire, s'il y avait des gens qui ne voulaient point se battre, c'est que la nation ne les y poussait plus. L'armée est le reflet du pays. Si le patriotisme s'amoindrit dans la nation, il est difficile qu'il s'exalte dans l'armée. La preuve est dans ce qui se passait autour de nous. Lorsque des gens fuyaient le champ de bataille, au lieu de les flétrir et de nous les ramener, on les cachait. Lorsqu'il s'agissait de faire de nouvelles levées, au lieu d'encourager ceux qui partaient, on les plaignait et on leur répétait : « On vous mène à la boucherie, on vous « trahit ! » Enfin, les autorités elles-mêmes dissimulaient les fuyards qui retournaient dans leurs communes. » (*Enquête parlementaire*. Déposition du général Chanzy, I, III, p. 216.)

2,000 francs-tireurs,

1 escadron du 11e chasseurs à cheval,

8 pièces de montagne : capitaine Charner, lieutenant Lecuisinier ;

2° Sept bataillons des mobilisés de l'Orne (colonel Tardy), avec six petites pièces de montagne (4,000 hommes) ;

3° Trois ou quatre bataillons des mobilisés de la Mayenne (lieutenant-colonel Bournel, ancien officier de zouaves) ;

4° 500 francs-tireurs :

Alençon (capitaine Huchet),

Basses-Pyrénées (capitaine Oustalet),

Flers (capitaine Bougon) ;

5° Enfin la garde nationale et la gendarmerie de la région.

L'effectif total était d'environ 8,000 hommes sans compter la garde nationale sédentaire, mais il y en eut à peine 4,000 à prendre une part réelle au combat.

Les troupes les mieux entraînées étaient celles du colonel de Lipowski. Ces dernières étaient formées d'éléments divers : les francs-tireurs de Paris avec la vareuse et le capuchon des zouaves, le tout bleu foncé, un passe-poil rouge au pantalon, des boutons de cuivre, la ceinture bleu clair, la casquette américaine ; — les volontaires du Havre, avec les parements et le col rouge, la plume de coq au képi ; — des Anglais, des Américains, des Italiens, des Danois, — jusqu'à un Chinois « qui avait sacrifié sur l'autel de la République la queue « de ses pères. » Un ancien soldat de Crimée, d'Afrique et du Mexique, un Italien, commandait le 5e bataillon, c'était le commandant de Amone. Sous l'uniforme de franc-tireur, une femme se dissimulait, et faisait la campagne à la suite d'un spahi. Le second du colonel de Lipowski était La Cécilia, le futur général de la Commune, figure étrange d'aventurier convaincu, de farouche adorateur de la Liberté. Chez tous, l'héroïsme était naturel, le mépris de la mort, la consigne.

Les soldats, francs-tireurs, mobilisés, couchèrent à Alençon dans les bâtiments publics, dans les églises, presque partout sans paille ; et le 15 au matin, les prêtres dirent leur messe au milieu des zouaves, des garibaldiens et des moblots, les uns dormant sur les marches de l'autel, les autres nettoyant leur fusil à côté du missel.

Une arche du pont de la voie ferrée sur la Sarthe fut rompue dans la nuit du 14 au 15 ; mais on ne fit pas sauter les ponts dans l'intérieur de la ville ; d'ailleurs la couche de glace de la Sarthe était si épaisse que les obus allemands ne devaient pas parvenir à la briser. On avait barré toutes les routes ou à peu près, à une dizaine de kilomètres de la ville ; à Fyé, à Neufchâtel, aux Aulnais (route de Fresnay) on avait envoyé depuis un jour ou deux des grand'gardes fortes d'environ cent cinquante hommes. Enfin, le préfet avait fait dresser une barricade au carrefour de la route de Mamers et de celle du Mans.

Cependant, le 15 janvier, le grand-duc de Mecklembourg s'avançait sur Alençon, persuadé de marcher sur les traces du général Jaurés.

Mais ce jour-là, ce dernier, établi à Sillé-le-Guillaume, repoussait brillamment une attaque du colonel Lehmann ; le colonel Schmidt heurtait avec guère plus de succès le 16e corps à Saint-Jean-sur-Erve. Malheureusement le 17e corps, centre de notre ligne, pris de panique devant l'attaque d'un bataillon, deux escadrons et quelques pièces, entraîna la retraite sur la ligne de la Mayenne.

Le 14 au soir, le grand-duc de Mecklembourg avait donné les ordres suivants :

Au quartier général de Ballon, 14 janvier 1871, 9 h. 30 du soir.

Pour la continuation de la marche sur Alençon S. A. R. le grand-duc ordonne ce qui suit :

1° Les divers éléments de la XXIIe division d'infanterie se mettront en route demain à 8 h. 30 du matin, en partant de leurs places d'armes respectives ; l'avant-garde et le gros suivront la route de Beaumont à Alençon.

Une forte flanc-garde de droite partira en même temps et suivra l'itinéraire Vivoin, Doncelles, Chérancé, Bourg-le-Roi, Alençon. Je laisse au commandant de la division le soin de juger si toute la brigade de Schamroth ou une partie seulement devra rester dans ses cantonnements d'aujourd'hui. L'ordre de cantonnement adressé à cette brigade me sera communiqué demain avant midi. Les sections de munitions resteront dans leur cantonnement. Les voitures à bagages formeront le parc sur un emplacement convenablement choisi à Beaumont et à Juillé ;

2° La flanc-garde de gauche de la XVIIe division d'infanterie (colonel de Manteuffel) quittera demain matin à 8 heures son lieu de rassemblement pour se diriger sur Saint-Marceau par la rive droite (occidentale) de la Sarthe, en la remontant ; elle franchira ensuite la rivière à un demi-mille (3^{k},500 environ) au sud de Fresnay, occupera cette ville, couvrira son flanc gauche, surtout vers Sillé [1], et poussera jusqu'à Assé ;

3° La XVIIe division d'infanterie suivra demain matin à 8 h. 30 le gros de la XXIIe division par Ballon et Beaumont.

La XVIIe brigade de cavalerie serrera sur les autres troupes du corps d'armée en s'avançant jusqu'à Ballon où elle cantonnera, à moins que la XVIIIe division ne veuille l'employer à la flanc-garde de gauche. Les emplacements assignés à la brigade me seront communiqués demain. Les voitures à bagages de la XVIIe division formeront le parc à un endroit convenablement choisi à Ballon. Les sections de munitions resteront dans leurs cantonnements ;

4° La IVe division de cavalerie enverra demain à 8 h. 30 une brigade, le bataillon et la brigade en tête, par Courgain, Louvigny, Ancines, sur Alençon. Elle se tiendra en liaison avec la XXIIe division d'infanterie et la XIIe brigade de cavalerie. L'autre brigade restera dans ses cantonnements ;

5° La XIIe brigade de cavalerie, à laquelle la IVe division de cavalerie transmettra cet ordre, enverra demain à 8 h. 30, au moins, un régiment, son bataillon d'infanterie et son artillerie en tête, de Mamers sur Alençon, et se couvrira fortement du côté du Mesle.

S. A. R. le Grand-Duc se rendra demain matin à 9 heures à la XXIIe division d'infanterie.

Comte DE WALDERSEE.

En exécution de ces ordres, le général de Wittich donna les prescriptions suivantes [2] :

1° Le détachement du colonel de Fœrster [3] (augmenté du $\frac{3^{e}}{13^{e}\text{ hussards}}$) formera l'avant-garde de la division, et se trouvera à 9 heures avec ses forces principales à Saint-Germain-de-la-Coudre, et se dirigera immédiatement sur Alençon ;

---

[1] Les Allemands savaient cette ville occupée, mais ne pensaient pas que ce fût par le 21e corps.

[2] Général DE VITTICH, *Journal*, p. 402 et suivantes.

[3] Nous rappelons sa composition : 89e infanterie $\frac{2\text{-}3}{13^{e}\text{ hussards}}$, IVe batt^{ie} lourde, section de pionniers.

2° Une flanc-garde de droite, comprenant le bataillon du 95e régiment et l'escadron de hussards $\left(\frac{4^e}{13^e \text{ hussards}}\right)$ qui cantonnent à Vivoin, se mettra en rangs sous le commandement de l'officier le plus ancien, à 8 h. 30 à Vivoin, et marchera sur Doncelles, Chérancé, Bourg le-Roi, vers Alençon, en contact à gauche avec le gros de la division, à droite avec la IVe division de cavalerie ;

3° La brigade de cavalerie de Schamroth (IXe) restera, en attendant, dans ses cantonnements ;

4° Les autres troupes de la division se formeront à 8 h. 30 sur leurs laces d'armes, l'artillerie dans les parcs, prêtes à marcher sur Alençon. Je donnerai, sur la place du marché, à Beaumont, d'autres ordres à 8 h. 15, heure à laquelle les commandants de brigades et de régiments s'y trouveront. On n'enverra qu'un seul officier de chaque avant-garde et de la brigade de cavalerie à la distribution des ordres ;

5° Les voitures à bagages resteront, jusqu'à nouvel ordre, dans les cantonnements ;

6° Les prisonniers seront envoyés à Beaumont où ils resteront, sous la surveillance d'un détachement du 95e régiment, jusqu'à l'arrivée de la XVIIe division qui en prendra livraison.

Le major Conring commandait le détachement de droite, le colonel de Manteuffel commandait le détachement de gauche. La IVe division de cavalerie, cantonnée à Dangeul, envoya la Xe brigade par Ancines ; le général de Bredow laissa la majeure partie de la XIIe brigade à Mamers, avec la mission de surveiller dans la direction du Nord, et rompit avec trois escadrons $\left(\frac{3}{1^{er} \text{ cuirassiers}}, \frac{1 \text{ escad. combiné}}{16^e \text{ uhlans}}, \frac{5}{13^e \text{ dragons}}\right)$, son bataillon d'infanterie $\left(\frac{II}{94^e}\right)$ et son artillerie $\left(\frac{2^e \text{ batterie à cheval}}{X^e}\right)$.

Ces dispositions montrent que le grand-duc de Mecklembourg craignait une rencontre auprès d'Alençon ; l'ordre suivant émané de lui, le 15, rend plus claire encore sa pensée :

La Hutte, le 15 janvier 1871, midi 15.

Sur l'ordre de S. A. R. le Grand-Duc, la XXIIe division d'infanterie marchera sur Alençon. Si, cependant, *l'ennemi opposait une résistance énergique devant la ville*, Son Altesse Royale *ne commencerait l'attaque, avec les deux divisions, que demain.* La division royale sera bientôt à même de juger lequel des deux cas se présentera, sur quoi Son Altesse Royale devra recevoir un rapport sans délai : si les troupes entraient dans Alençon avant que Son Altesse Royale eût rejoint la division, les pointes seraient poussées sur les routes dans la direction de l'Ouest et du Nord-Ouest.

Le quartier général sera établi dans la ville.

Comte DE WALDERSEE.

Une reconnaissance partie de La Hutte s'était heurtée le 14 au soir à la grand'garde de Fyé et eut un officier tué.

Le 15 janvier au matin[1], le général de Wittich commença sa marche en avant ; la grande route de Beaumont à Alençon était couverte d'une haute couche de neige, légère comme le sable, qui fatiguait l'infanterie et retardait sa marche ; le vent du Nord faisait tourbillonner le givre des arbres ; une brume persistante, cette poussière blanche troublaient la vue. Dans l'atmosphère sourde, le canon ne s'entendait pas à deux cents mètres.

Toutes ces raisons devaient contrarier la liaison du général de Wittich avec les autres colonnes ; il allait être gêné encore par le manque de cartes, la sienne s'arrêtant aux abords d'Alençon.

Jusqu'à La Hutte, la trace des fuyards français, chassés la veille de Beaumont, se voyait très bien, mais ensuite des marques confuses de pas se dirigeaient généralement plus à l'Ouest : le plus grand nombre des mobilisés de la Mayenne s'étaient enfuis vers Saint-Denis-sur-Sarthon.

Fyé fut trouvé inoccupé, et la grand'garde, qui eût dû résister à hauteur de ce village, ne fut rencontrée qu'à Béthon. Elle était forte, avons-nous dit, de cent cinquante mobilisés ; de plus se trouvait avec elle un détachement de cavaliers commandés par

---

[1] Des incertitudes de détail règnent sur le combat d'Alençon ; cependant les récits des témoins m'ont permis de juger que les meilleurs récits en ont été donnés par : *Le grand état-major prussien ;* la brochure du général DE LIPOWSKI ; celle de M. MARTIN LE NEUF DE NEUFVILLE, *Les Combats d'Alençon ; L'Armée de la Loire,* de GRENEST, et surtout le *Journal de guerre* du général DE WITTICH. — Je me suis également servi des rapports manuscrits des lieutenants-colonels Tardy, Raulin et Poirier, et du commandant Collin, des mobilisés de l'Orne, et de celui du capitaine Oustalet (Francs-tireurs des Hautes-Pyrénées), communiqués par l'obligeance de M. le Président du Sénat.

le capitaine Coltelloni, que Lipowski avait envoyé pendant la nuit pour faire sauter le pont de Beaumont, suivant les prescriptions du général Chanzy, opération que les mobilisés de la Mayenne n'avaient pas exécutée.

Les Allemands chassèrent les Français et les poursuivirent à coups de canon, particulièrement de la butte de La Feuillère; mais ceux-ci furent assez habiles pour donner le temps de filer à Alençon à leur convoi composé de sept voitures de munitions; les mobilisés eurent 3 hommes blessés, et les francs-tireurs deux[1]. Des cavaliers vinrent renseigner le colonel de Lipowski sur l'approche des Allemands.

Celui-ci était gêné par la brume pour faire la reconnaissance d'un terrain inconnu pour lui. Quoique incertain sur la position qu'il devait prendre, il résolut pas, d'accord avec le préfet, d'attendre les Allemands en dehors de la ville. Il établit deux compagnies de francs-tireurs (1re et 2e du 1er bataillon) en avant de La Détourbe ; elles mirent en état de défense une maison de ce hameau appartenant à un sieur Leroux, pour leur servir de réduit et de point d'appui; deux pièces de canon de montagne prirent position à l'est de la route avec le lieutenant Lecuisinier.

En même temps, le colonel Tardy envoya deux bataillons de mobilisés de l'Orne au passage à niveau de la route de Mamers et occupa faiblement Saint-Paterne; il leur donna deux pièces d'artillerie qui furent vite démontées par le feu de l'ennemi.

Combat d'Alençon. — *Première phase.* — Arrivée à hauteur du Coudray, dans la plaine unie qui s'étend jusqu'à Alençon, l'avant-garde allemande fut arrêtée par la fusillade et les obus des Français.

Le colonel de Fœrster fit aussitôt déployer en tirailleurs le bataillon de fusiliers du 83e d'infanterie de chaque côté de la route; une section de grosse batterie fut amené sur la chaussée et bombarda les francs-tireurs de Lipowski; deux autres batail-

---

[1] Martin Le Neuf de Neufville et Beaudouin emettent l'hypothèse que cette escarmouche a pu avoir lieu à La Feuillière; ils ne parlent pas de cette grand'-garde de cent cinquante mobilisés en cette affaire, après avoir dit qu'elle fut envoyée sur ce point. L'un et l'autre, à la place du capitaine Coltelloni, citent le capitaine Prosper Brunière, de Paris, comme chef des 43 francs-tireurs. Nous avons suivi la version de Lipowski.

lons du 83e restèrent à couvert derrière Saint-Blaise. Quatre nouvelles pièces furent avancées ensuite sur la ligne de combat et prirent place à droite de la route à hauteur du Coudray.

Deuxième phase. — Mais le colonel de Lipowski envoie sur la route du Mans quatre compagnies de francs-tireurs (Le Havre, Alençon, Basses-Pyrénées) avec les six pièces qu'il avait disponibles ; il est soutenu par de forts détachements des mobilisés de l'Orne et plusieurs de leurs pièces (lieutenant-colonel Raulin). Tandis que l'artillerie s'établit légèrement en arrière de sa première position trop exposée, les francs-tireurs, se cachant derrière les moindres levées de terre, se répandent en tirailleurs le long d'une petite crête très nettement marquée, qui s'étend depuis la ferme de Haut-Éclair jusqu'à la hauteur de la route d'Ancines. La réserve est amenée au carrefour de la route du Mans et de celle de Mamers.

Les Français débordent la gauche allemande et progressent ; l'adversaire recule et ramène en arrière ses batteries [1].

Le colonel de Fœrster envoie alors le 1er bataillon du 83e occuper Arçonnay [2], une patrouille d'officiers de hussards relève sur la droite le nom des localités et rend compte que Saint-Gilles n'est pas occupé ; une autre, envoyée sur la gauche, fouille le terrain boisé qui environne la ferme de Haut-Éclair et signale dans cette direction des bataillons français : ce sont des francs-tireurs qui ont gagné jusque-là et occupent la ferme de Haut-Éclair. Le 2e bataillon du 83e leur est opposé.

Il est 1 h. 30 environ.

C'eût été le moment, pour le colonel de Lipowski, de profiter de son avantage et de pousser une contre-attaque vigoureuse ; mais il ne voulait pas, à juste titre, engager les dernières réserves de sa colonne ; il donna l'ordre aux mobilisés de la Mayenne de se porter en avant par notre droite, mais ceux-ci s'enfuirent au bruit de nos canons [3].

---

[1] Martin Le Neuf de Neufville, *Les combats d'Alençon*, p. 39.

[2] Cette localité, désignée sous le nom d'Arçonnay sur les cartes de 1871, a pris depuis celle de Vieux-Bourg. De même Saint-Blaise a laissé son nom pour Arçonnay.

[3] Communications du général de Lipowski.

Du reste, le général de Wittich amenait des renforts. Il avait donné l'ordre au gros de la colonne, sous le commandement du colonel de Röhl de s'avancer jusqu'à La Feuillère, et à deux bataillons du 94e ainsi qu'à deux batteries, de se mettre à la disposition du colonel de Fœrster.

Les deux bataillons du 94e s'étaient maintenus en réserve, mais la 2e batterie légère, Teubel, s'était mise en position à 500 mètres à droite de l'artillerie d'avant-garde, et canonnait les troupes françaises.

Troisième phase. — Le colonel de Fœrster donna l'ordre au 1er bataillon du 83e de se porter d'Arçonnay sur Saint-Gilles, et aux troupes de la route du Mans de reprendre leur mouvement en avant, de se rétablir sur leurs premières positions, puis d'attaquer La Détourbe.

Le mouvement se fit d'abord difficilement et lentement : les francs-tireurs de Lipowski opposaient une vive résistance.

En même temps, des mobilisés de l'Orne et les francs-tireurs girondins appuyés sur leur droite par les francs-tireurs du Havre et ceux de Paris, aidés par la batterie d'artillerie que l'adjudant de Bellière avait établie à l'entrée de la route d'Ancines, cherchaient à débusquer les Allemands de Saint-Gilles et à les rejeter sur Le Coudray.

Il était alors 3 heures, et la ligne française parvenait encore à se maintenir à peu près partout, quand l'arrivée des colonnes allemandes sur les différentes routes allait faire fléchir nos troupes sur tous les points[1].

Après avoir dispersé les francs-tireurs envoyés en grand'garde vers Saint-Rémy-du-Plain et Neufchâtel, le général de Bredow déboucha au-dessus de Saint-Paterne avec trois escadrons, et le bataillon et la batterie affectés à sa brigade. Il se heurta aux mobilisés de l'Orne qui occupaient faiblement ce village. Cependant, incertain de leur nombre, le général de Bredow installa son artillerie sur une petite éminence au sud de la route de Mamers, à 500 mètres du village, et bombarda celui-ci ; le château et le presbytère furent très éprouvés. Les mobilisés évacuèrent Saint-Paterne, mais les Allemands n'en surent rien

[1] *Grand Etat-Major prussien,* 2e partie, p. 861-862.

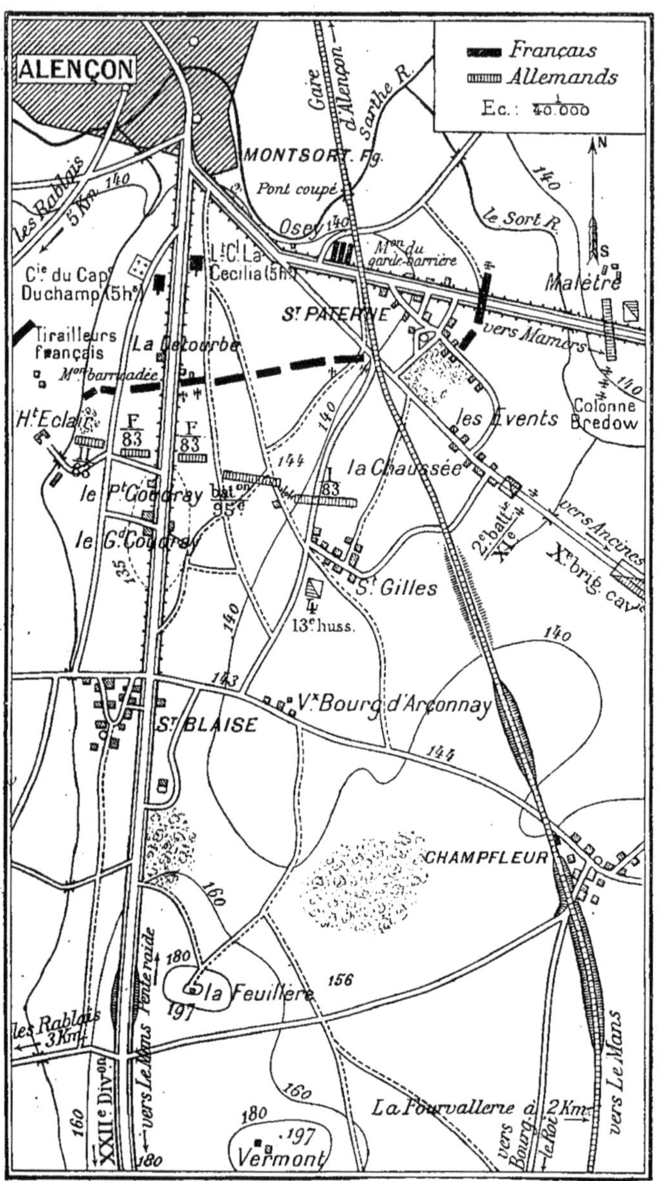

ALENÇON
Français
Allemands
Ec. : 1/40.000
MONTSORT. Fg.
Pont coupé
Gare d'Alençon
Sarthe R.
le Sort R.
Malètre
Osey
St PATERNE
vers Mamers
Colonne Bredow
les Évents
la Chaussée
vers Ancines
Xe brig. cav.
2e batt. XIe
St Gilles
13e huss.
Cie du Capt Duchamp (5h)
Lt Cl La Cecilia (5h)
Tirailleurs français
La Détourbe
Mon barricadée
Ht Eclair
le Pt Coudray
le G. Coudray
bat 95e
F 83
St BLAISE
Vx Bourg d'Arçonnay
CHAMPFLEUR
la Feuillère
les Rablais 3 Km
les Rablais 5 Km
XXIIe Divon
vers Le Mans Pente raide
La Fourvallerie à 2 Km
vers Bourg le Roi
vers Le Mans
Vermont

et tirèrent jusqu'à 5 heures du soir sur un ennemi absent, avant d'entrer enfin aux Evants et à Saint-Paterne.

La colonne du major Conring arriva à 3 h. 30 à Arçonnay (Vieux-Bourg) après une marche des plus pénibles dans de mauvais chemins, puis gagna Saint-Gilles et se déploya en avant du village.

Enfin des cavaliers de la Xe brigade de cavalerie vinrent dès midi et demi à La Chaussée, suivis par d'autres détachements de la même arme ; vers 3 heures arriva le gros de la brigade et la batterie à cheval, mais celle-ci ne prit pas position. Le bataillon d'infanterie adjoint à la brigade ne put atteindre La Chaussée de la journée[1].

La situation devenait critique pour les Français. A notre gauche, deux bataillons des mobilisés de l'Orne, des francs-tireurs luttaient dans la nuit tombante au passage à niveau de la route de Mamers, appuyés à la maison du garde-barrière. Les Allemands les serraient de près et allaient les déborder par le chemin d'Ozé, quand ils furent pris en flanc par les feux d'habitants et employés du chemin de fer, commandés par M. Sauron, chef de gare d'Alençon, qui s'étaient embusqués près du pont coupé, sur la voie ferrée.

Les deux partis restèrent sur ces positions.

Pendant ce temps, sur notre droite et au centre, nos troupes tenaient de plus en plus péniblement ; six de nos canons étaient venus à manquer de munitions et rentraient dans la ville ; des mobilisés de la Mayenne, que l'on essayait encore d'envoyer pour renforcer la ligne, crurent à la retraite en les voyant ramener, se figurèrent qu'on les conduisait à la boucherie et refusèrent de marcher.

Cependant, les Allemands recevaient des coups de fusil sur leur gauche ; ils attribuèrent cette fusillade à des colonnes françaises, quand ce n'était l'œuvre que de quelques mobilisés de la Mayenne, établis à La Belle-Charpente, qu'avait ramenés au combat un franc-tireur alençonnais[2] ; la 4e batterie lourde fut chargée de les bombarder.

---

[1] Déposition d'un témoin. L'état-major prussien affirme cependant l'arrivée du bataillon et l'emploi de la batterie (p. 862).

[2] Déposition de ce franc-tireur.

Vers 4 heures, un canon français fut démonté par un obus, la pièce fut sauvée par le sergent-fourrier Villemot ; le capitaine Charner (commandant l'artillerie, frère de l'amiral) venait d'être renversé et contusionné par un éclat d'obus ; il n'y avait plus d'artilleurs, et la deuxième pièce était servie par des francs-tireurs ; la ligne de combat avait reculé et se trouvait à hauteur du cimetière de Montsort. « Le colonel de Lipowski, entouré de ses officiers d'ordonnance, commandant Durozet, lieutenant Grégoire Ghika, capitaine Levêque, lieutenant Aubin, des chasseurs à cheval, et du lieutenant-colonel de La Cécilia, parcourait la ligne de bataille, se portait aux endroits les plus dangereux, soutenait le courage de chacun ».

Les Allemands progressaient toujours, il fallait en finir. Le colonel de Lipowski appela le lieutenant-colonel de La Cecilia et lui ordonna de prendre le commandement de la réserve : « Portez-vous en avant sur La Détourbe, lui dit-il, et refoulez l'ennemi. » « La Cécilia reçoit les ordres de son chef, rassemble ses hommes et, après leur avoir adressé une mâle et patriotique exhortation, les entraîne au plus fort du danger. L'élan est superbe. La Cécilia, à cheval (?) encourage ses hommes sous la mitraille et leur fait exécuter trois charges à la baïonnette qui contraignent l'ennemi à se retirer sur le plateau de Haut-Éclair[1]. »

Le mouvement était appuyé sur la droite par le capitaine Duchamp, qui gagna le cimetière de Montsort et de là s'élança sur l'ennemi. « Il est secondé par les lieutenants Colson et Girardin, et des francs-tireurs de Paris[2]. » Plusieurs tombent, — puis le sergent-major Mauric atteint de deux balles, et enfin le brave capitaine lui-même, frappé d'une balle en pleine poitrine. La troupe héroïque tient toujours ; mais, pour marquer vigoureusement le mouvement en avant, il lui faudrait un renfort qu'on ne peut lui donner : sur la place d'armes où les troupes non employées sont massées le matin, il n'y a même plus de gardes nationaux, ils ont été envoyés vers 4 heures, les uns à la barricade de la route du Mans, les autres aux issues de la

---

[1] Général DE LIPOWSKI, *Ablis, Châteaudun, Alençon*, p. 72-73.
[2] *Ibidem.*

ville, pour empêcher les fuyards d'en sortir. Quand la compagnie Duchamp reçoit l'ordre de se replier, sur soixante-sept hommes elle a eu dix tués et vingt-deux blessés.

Il ne nous faut pas oublier d'ajouter qu'au milieu de la journée, vingt ou trente obus tombèrent sur la ville, rue des Tisons, rue du Pont-Neuf, rue du Bercail, — sur l'église Notre-Dame pendant une inhumation, — sur les bureaux de la préfecture, mais sans atteindre personne. La question d'un bombardement en règle fut même discutée en conseil de guerre, paraît-il, mais le grand-duc de Mecklembourg voulut ménager le titre de son cousin, le duc d'Alençon.

La nuit était tombée, le général de Wittich, toujours incertain sur la valeur et le nombre de ses adversaires, mal renseigné sur les opérations de sa droite, ajourna au lendemain l'effort décisif, devant « la résistance opiniâtre[1] » des Français. Il en référa au grand-duc et installa sa division en cantonnements dans Béthon et les environs de cette localité (Cherisay, Petit-Oiseau, Bourg-le-Roi) ; des avant-postes furent placés. Mais il n'y avait pas de place pour tout le monde dans les maisons et des fractions bivouaquèrent malgré le froid et le verglas ; « ce fut une journée de dures privations », dit le général de Wittich.

Une barricade fut élevée pendant la nuit au Coudray, en vue d'un effort décisif pour le lendemain.

La Xe brigade cantonna à Ancines et Louvigny, en gardant ses avant-postes à La Chaussée.

Le général de Bredow se maintint à Saint-Paterne, aux Evants et sur la voie ferrée.

La XVIIe division dont la grand'garde s'était avancée jusqu'à Assé-le-Boisne, prit ses cantonnements vers la ligne Assé-le-Boisne — Rouessé-Fontaine.

Le quartier général du grand-duc de Mecklembourg fut établi à Beaumont.

Après la vigoureuse contre-attaque de La Cécilia et du capitaine Duchamp, les Allemands avaient ralenti leurs feux. Le préfet venait de recevoir l'avis que le 19e corps ne débarquerait pas à

---

[1] Général DE WITTICH, *Journal de Guerre*, p. 406.

Alençon, mais à Flers. Alors, M. Antonin Dubost, les colonels Lipowski et Tardy décidèrent de donner l'ordre de la retraite. Sauf en ce qui concerne les francs-tireurs de Lipowski, elle se fit en grand désordre ; un flot de mobilisés se rua par les rues, tremblant, fuyant la bataille. C'était la nuit, une nuit d'hiver éclairée seulement par le reflet de la plaine glacée et la lueur sinistre d'un incendie que les obus allemands avaient allumé dans une scierie de la route du Mans.

Le colonel de Lipowski se replia sur Carrouges, protégé par la compagnie d'arrière-garde Coltelloni. — Les mobilisés se retirèrent vers La Ferté-Macé.

Le préfet les suivit, puis gagna Flers.

Les Français avaient perdu environ cent quarante morts ou blessés[1] ; les Allemands n'accusent que cinq tués et dix-neuf blessés, mais ces chiffres sont presque certainement au-dessous de la vérité.

Position le 15 janvier au soir.

ALLEMANDS.	FRANÇAIS.
IXe et IIIe corps au Mans. Xe corps vers Longne.	16e corps. 17e corps. 21e corps. — En retraite de la ligne Sillé-le-Guillaume. De Saint-Jean-sur-Ervo vers la Mayenne.
XIIIe corps. — XVIIe division. Assé-le-Boisne, Rouessé-Fontaine. XXIIe division, Béthon, Argonnay.	
VIIIe brigade, Dangeul. Xe brigade, Ancines, La Chaussée.	Lipowski à Carrouges. Mobilisés (Mayenne et Orne) vers La Ferté-Macé.
XIIe brigade de cavalerie, Mamers, Saint-Paterne.	

Alençon et le XIIIe corps allemand jusqu'à l'armistice.

Le 15 au soir, le Grand-Duc, ne sachant encore quel avait été son adversaire, se préparait à recommencer le combat le lendemain ; il donna, à Beaumont les prescriptions suivantes :

[1] Déposition d'un aumônier des ambulances.

1° La XVIIe division marchera à l'attaque le 16 avec la XXXIVe brigade d'infanterie, une partie de la XVIIe brigade de cavalerie et quatre batteries, et se dirigera par Gesnes-le-Gaudelin sur Alençon ; ces troupes devront arriver à 10 h. 30 à hauteur de Bérus. Les passages de la Sarthe en aval d'Alençon seront reconnus au cas où il deviendrait nécessaire de passer par la route de Condé à Alençon.

2° La XXIIe division, arrivée à la hauteur de Bérus, attaquera Alençon ; une brigade aura la grande route comme axe, l'autre le chemin Arçonnay-Saint-Gilles.

3° A 11 heures, la IVe division et la XIIe brigade de cavalerie marcheront également à l'attaque.

4° La XXXIIIe brigade d'infanterie (XVIIe division) restera en réserve à Oisseau[1].

Mais à Alençon, quelques heures après la fin du combat, des patrouilles allemandes appartenant au détachement de Bredow pénétrèrent dans le faubourg, usèrent de violences à l'égard des habitants et mirent le feu à plusieurs endroits. Ces actes de sauvagerie, dus sans doute à l'exaspération, ne se reproduisirent du reste pas pendant l'occupation.

La garde nationale fut déshabillée pendant la nuit. Et le 16 au matin, nos ennemis purent voir le drapeau blanc hissé sur la mairie et sur les églises Notre-Dame et Saint-Pierre-de-Montsort. Vers 7 heures, des cavaliers de la XIIe brigade vinrent prendre possession de la ville, les uns allant à la poste, les autres à l'Hôtel de Ville.

Des escadrons furent envoyés sans résultat sur Condé-sur-Sarthe, Damigny et la forêt d'Ecouves.

Le XIIIe corps vint cantonner à Alençon et fit son entrée dans une tenue brillante, malgré le dégel. De petites avant-gardes furent poussées sur la route d'Ecouves et sur celle de Rennes et occupèrent Damigny et Colombiers.

Le Grand-Duc abandonna toute idée de rechercher le 21e corps français ; il se contenta de donner du repos à ses troupes, de les réorganiser, et conformément aux ordres du prince Frédéric-Charles, de tenir Alençon.

---

[1] Général de Wittich, *Journal*, p. 409.

La ville fut soumise à la juridiction militaire; elle n'eut à subir aucun acte de brutalité, mais une forte réquisition la frappa, dont voici le détail à titre de curiosité :

60,000 livres de pain ;
120,000 livres de farine ;
300 bœufs ;
20,000 livres de porc salé ;
12,000 litres de cognac ;
20,000 livres de haricots ;
10,000 livres de riz ;
10,000 litres de café brûlé ;
600,000 cigares ;
12,000 livres de tabac ;
6,000 livres de sel ;
600,000 livres d'avoine ;
30,000 livres de foin ;
50,000 livres de paille.

De plus, le Grand-Duc exigea pour lui-même :

2 veaux ;
12 dindons ;
12 oies grasses ;
20 poules ;
100 boîtes de sardines ;
100 terrines de foie gras ;
100 saucissons.

Joignez enfin à cela une contribution de guerre de 300,000 fr.

Les villages des environs eurent aussi à fournir des réquisitions et des contributions de guerre. Arçonnay fut imposé pour 12,000 francs, mais ne put en fournir que 3,000 : détail bizarre, l'officier allemand qui imposa ce village, ne remit pas l'argent au Grand-Duc et fut, paraît-il, traduit pour ce fait en conseil de guerre. Les maires français ne furent pas tous très braves devant l'invasion; dans plusieurs localités, Saint-Paterne, Arçonnay, ils s'enfuirent et ne rentrèrent qu'après le départ des Allemands.

Mais il convient de rappeler l'attitude ferme et digne du maire d'Alençon, M. Eugène Lecointre, pendant toute la durée de l'occupation.

Le 17 janvier, Chanzy était sur les lignes de la Mayenne : le 16e corps se trouvait au sud de Laval, le 17e au nord de cette ville; le 21e autour de Mayenne; le 19e prolongeait la ligne jusqu'à Mézidon. Lipowski était retiré à La Ferté-Macé, où le 20, il reçut le grade de général au titre auxiliaire.

A cette époque, les opérations du général Faidherbe dans le Nord nécessitèrent l'envoi du XIIIe corps sur Rouen. Ce corps ainsi que la XIIe brigade de cavalerie quitta Alençon le 19 janvier. Le grand-duc de Mecklembourg n'avait que des renseignements assez vagues sur la position des Français en Normandie : il savait seulement que dans l'Eure et du côté du Havre, des forces s'organisaient. Il s'avança avec le front le plus large possible, prêt à assurer sa marche dans tous les sens; la XIIe brigade le précédait pour l'éclairer. Le XIIIe corps n'eut que quelques engagements avec des francs-tireurs; le plus sérieux eut lieu à Bernay et retarda sa marche d'un jour.

Le 25, le Grand-Duc arrivait à Rouen et y trouvait le Ier corps d'armée allemand.

Pendant ce temps, la VIe division de cavalerie masquait la retraite du XIIIe corps et dirigeait des reconnaissances vers l'Ouest en faisant courir le bruit d'un mouvement d'Alençon vers Rennes.

Le 20 janvier, cette division quittait Alençon pour se rapprocher du Mans et cantonnait : la Xe brigade à Fresnay, la VIIIe à Beaumont, la IXe à Ballon et Teillé; 2 escadrons étaient détachés à Mamers[1]; d'autres continuèrent à occuper les villages aux portes d'Alençon, comme Arçonnay et Saint-Paterne.

Le 22, le IXe corps allemand était renvoyé du Mans sur Orléans, pour s'opposer aux mouvements du 25e corps français.

Le prince Frédéric-Charles renonça définitivement à toute poursuite; le Xe corps s'installa au Mans; le IIIe fut chargé d'assurer la sécurité avec l'aide des IIe et IVe divisions de cavalerie. Il n'y eut plus contre la 2e armée de la Loire que des engagements sans importance.

Dès le 23 janvier, les mobilisés de la Mayenne, retirés à Prez-

---

[1] Huit autres étaient distraits pour des services différents; il faut signaler aussi deux escadrons qui suivirent par erreur le XIIIe corps et que celui-ci renvoya le 25 janvier.

en-Pail avec le lieutenant-colonel Bournel, apparurent à l'ouest d'Alençon. Une petite colonne allemande partie de Fresnay, sous le major de Kloche $\left(\frac{3^{e} \text{ et } 4^{e}}{48^{e}}, \frac{1^{er} \text{ et } 4}{5^{e} \text{drag.}}, \frac{2 \text{ pelotons}}{2^{e} \text{ huss.}}\right)$, captura deux officiers et quarante hommes en avant de La Pooté, mais elle se heurta à une résistance plus sérieuse sur le chemin de Villaines.

Le 25, des patrouilles allemandes jetées sur Alençon trouvèrent au sud de cette ville quelques francs-tireurs ; le préfet, M. Antonin Dubost, était en effet rentré dans la ville avec un millier d'hommes. « Une compagnie de francs-tireurs ouvrait la marche, venaient ensuite les gendarmes, la carabine au poing. M. A. Dubost, à cheval, se tenait à côté de M. Raulin, lieutenant-colonel des mobilisés de l'Orne, dont suivaient les bataillons avec des pièces d'artillerie. » (*Journal d'Alençon,* 26 janvier 1871.)

Le 26, une colonne allemande fut envoyée de Beaumont dans cette direction $\left(\frac{I}{48}, \frac{1 \text{ esc.}}{VII^{e} \text{brig.}}, \frac{2/3 \text{ batt. à cheval}}{XI}\right)$ sous les ordres du capitaine de Kleist ; elle entra dans Alençon, et le préfet dut s'éloigner avec les francs-tireurs.

Le 27, les IXe et X^{e} brigades se portaient jusqu'au ruisseau d'Orthe pour venir à hauteur du IIIe corps d'armée ; le 29, lendemain de l'armistice, sur l'ordre du commandant en chef, Alençon était occupé de nouveau ; l'occupation dura jusqu'à la paix.

Cette ville se trouva sur la limite des zones allemandes et françaises, séparées par la Briante qui la traverse. Des vexations eurent lieu, et l'impossibilité de payer les contributions exorbitantes exigées à nouveau par le vainqueur causa l'arrestation d'otages et le pillage de magasins importants, malgré la noble conduite du maire, qui fut retenu prisonnier par ordre du général de Bredow, à cause de sa fermeté.

Les deux occupations coûtèrent plus d'un million à la ville. Elle ne fut évacuée définitivement que les 6 et 7 mars 1871.

Observations sur les opérations des 12, 13, 14 et 15 janvier 1871.

Notre prétention n'est nullement de relever et de discuter tous les faits instructifs des journées que nous venons d'étudier, encore moins de les soumettre à une critique minutieuse et sévère qu'il ne nous appartient pas de faire.

Mais quelques réflexions nous ont été suggérées par nos travaux, nous nous contenterons de les relater.

Une chose frappe tout d'abord, la divergence des directives de marche, le 14 et le 15, du 21e corps français et du XIIIe corps allemand qui le poursuit.

Lorsque le prince Frédéric-Charles poussa le Grand-Duc de Mecklembourg sur Alençon, il était très persuadé, sur la foi d'un renseignement assez vague que Jaurès battait en retraite dans cette direction, et le Grand-Duc partagea complètement son erreur.

Il n'y a pas lieu de reprocher aux généraux allemands d'avoir voulu occuper Alençon, pour tenir la ligne de la Sarthe, ni de s'être arrêtés dans la poursuite, à cause de la fatigue des troupes et de leur utilité possible sur d'autres points du territoire français.

Mais on ne peut les excuser d'avoir confondu deux buts différents, et hypnotisés par l'objectif géographique, de l'avoir identifié à l'objectif stratégique, erreur qui permet au 21e corps de leur échapper.

Un emploi judicieux de la cavalerie eût détrompé les généraux allemands.

Le service de liaison entre les différentes colonnes est habituellement bien fait par elle ; on peut admettre d'autre part que la nature du terrain et la saison rendaient son emploi presque impossible au combat, comme troupe de choc (voir journées des

12 et 13 janvier). Mais il est difficile de louer la façon dont elle s'acquitte du service d'exploration : à chaque instant, elle est maintenue en majeure partie derrière l'infanterie ; les escadrons envoyés en avant, trop peu nombreux, ne montrent guère d'audace. Aussi chaque jour le contact est-il perdu, et le 14 au matin il ne peut être rétabli. Un réseau serré de cavalerie, tendu à grande distance des divisions d'infanterie, eût presque certainement détruit les idées préconçues du prince Frédéric-Charles et du grand-duc de Mecklembourg.

Les opérations relatées ci-dessus montrent une fois de plus l'importance à la guerre des points d'appui, villages, mamelons. C'est en les occupant soigneusement que le général Jaurès à Saint-Corneille, à La Croix, à Touvois, à Ballon, à Beaumont même, malgré la défection trop rapide des mobilisés, put s'opposer pendant le temps nécessaire à sa sécurité, avec de faibles effectifs et des troupes trop jeunes, aux progrès du vainqueur.

Et celui-ci même s'attache tellement à la conquête de ces points d'appui que volontiers, ceux-ci pris, il remet au lendemain le reste de l'opération, l'effort lui suffisant. C'est ainsi que le 13 les Allemands occupent Ballon et le pont de Neuville, — le 14 Beaumont, sans pousser au delà.

Nos ennemis font un emploi judicieux du combat d'avant-garde (Saint-Corneille, La Croix, Touvois, Ballon, Beaumont, Alençon) ; ils tâtent l'ennemi, évitent tout déploiement prématuré et se réservent une forte masse de manœuvre, mais leur attaque est généralement timide, lente, leur masse de manœuvre peu mobile.

Leur tactique habituelle consiste à renforcer l'avant-garde par prolongement, et à déborder une aile (combat de Saint-Corneille) ; ils cherchent à envelopper l'adversaire, et à l'écraser par la puissance des feux plutôt que par la souplesse et l'imprévu de la manœuvre.

La retraite du 21e corps offre un digne sujet de louanges. Elle présentait pendant la journée du 12 des difficultés considérables ; le général Jaurès avait eu les jours précédents des fronts énormes à défendre ; l'ennemi, le 12, le pressait de toutes parts. Le Mans était occupé sur ses derrières, et il lui fallait encore donner le temps de se retirer au reste de la deuxième armée de la Loire !

Si les Allemands, en ce jour comme en beaucoup d'autres, ne déployèrent ni une audace ni une célérité remarquables, ils n'en attaquèrent pas moins très méthodiquement les divisions françaises.

Il fallut toute l'habileté de ce marin, improvisé général de corps, se dérobant à leur attaque à la faveur de la nuit, arrêtant leurs efforts avec une fraction d'arrière-garde judicieusement postée, tandis que le reste de son corps d'armée se retirait par deux routes parallèles[1], il fallut toute sa redoutable et communicative énergie pour triompher des difficultés qui hérissaient sa marche rétrograde, et maintenir, sans débandade importante, sous des feux violents et bien dirigés, de jeunes troupes à peine organisées.

Les défenseurs d'Alençon se trouvèrent dans une situation encore plus difficile, avec des troupes moins solides même que celles du général Chanzy, si l'on excepte les francs-tireurs de Lipowski, arrivés fort tardivement, et quelques fractions de mobilisés. On ne peut reprocher à la population une certaine angoisse que d'autres auraient partagée dans les mêmes circonstances.

L'absence de cavalerie empêchait d'avoir des renseignements sur la marche des Allemands et de porter la défense, au moment opportun, à une distance convenable de la ville. Les autorités, et le préfet en particulier, surent comprendre l'importance de cette ville, point de débarquement d'un corps d'armée. Ils purent arrêter une journée entière l'effort de l'ennemi et l'abuser sur leur propre puissance. C'était plus qu'on ne pouvait espérer avec des troupes aussi disparates.

Nous devons un hommage particulier à l'héroïque colonne de Lipowski, qui rendit de si grands services au général Chanzy pendant toute la durée de la campagne.

Dans des conditions de guerre normales, c'est-à-dire où des troupes régulières et de la cavalerie eussent été employées, il eût été bon de pousser vers les directions dangereuses, et particulièrement vers le Sud, un fort service d'exploration. Des détachements d'un effectif assez considérable, au moins 500 hommes,

---

[1] Défense en avant de Savigné-l'Evêque, le 12, par la division de Villeneuve. La division Collin joua le même rôle le 14 à Ballon-Souligné-sous-Ballon.

auraient été installées dans des positions avantageuses (4 kilomètres environ), qui permissent de résister longtemps, de forcer les fractions ennemies à des déploiements prématurés, et cependant de battre en retraite à temps pour n'être pas tournés. De la sorte, les autorités françaises auraient eu le loisir de porter leur masse de manœuvre sur la direction dangereuse, assez loin de la ville, sur un terrain choisi, et pouvaient tout au moins alourdir pendant plusieurs jours la marche de l'adversaire.

Il ne s'agit pas ici de critique, mais de discussion de problème tactique ; les troupes que commandaient les défenseurs d'Alençon ne se prêtaient pas à de telles combinaisons.

Nous avons étudié le terrain aux environs d'Alençon et cherché quels auraient pu être les emplacements des détachements envoyés ; nous avons pris l'hypothèse — qui fut la réalité — suivant laquelle on savait que l'attaque principale était dirigée par la route du Mans.

Sur cette route, la position cherchée était aux crêtes difficiles de La Feuillère ; un ravin profond est en avant, les hauteurs sont couvertes d'arbres, de haies, de talus, les vues sont très étendues. Au Sud, les buttes de Crennes et de Vermont eussent dû être occupées par de l'infanterie pour forcer l'ennemi à un premier déploiement, mais le manque de chemins en arrière empêchait d'y placer de l'artillerie. En attendant l'arrivée de l'ennemi, la réserve des forces affectées à la défense de la route du Mans aurait été bien placée à Saint-Blaise (aujourd'hui Arçonnay), point d'où l'on pouvait les diriger facilement sur les routes de Fresnay, de Champfleur, d'Ancines ou de Mamers, si contrairement aux renseignements reçus l'attaque décisive était prononcée sur un autre point.

La première position de repli était à Saint-Blaise, la seconde au Coudray.

Il y avait quatre autres routes sur lesquelles on aurait envoyé des grand'gardes : celles de Fresnay, — de Champfleur, Bourg-le-Roi, — d'Ancines, — de Mamers.

La position de la grand'garde sur la route de Fresnay était aux Rablais, derrière des étangs et des terrains impraticables, favorisée d'un très beau champ de tir.

Sur la route de Bourg-le-Roi, le village de Champfleur, placé sur une éminence dominant très loin, devait être gardé ; la position de repli se trouvait, soit à Bois-Margot, soit préférablement à Arçonnay (aujourd'hui Vieux-Bourg), puis à Saint-Gilles.

Il n'y a pas de position sur la route d'Ancines avant La Fourvallerie, la route monte continuellement du Pont jusqu'à Courtilloles ; la position de ce dernier point n'a pas les vues sur le Sud que la carte indique, et est dénuée de tout champ de tir. La Fourvallerie, au contraire, est une position très forte, au bord d'un ravin escarpé, appuyée à gauche à des taillis impraticables, à droite présentant des vues considérables. Il n'existe aucune position de repli avant le Bois-Margot.

La grand'garde de la route de Mamers eût avantageusement été placée à la cote 157 (lisière ouest de la forêt de Perseigne) ; là est un petit mamelon au débouché des bois. Un poste de surveillance eût pu se trouver au Buisson, au tournant de la route. Il y avait de nombreuses positions de repli, grâce au terrain très coupé de haies, particulièrement à Houssemaine et à Malèfre.

Quand les progrès de l'ennemi eussent repoussé les grand'-gardes et relié les engagements partiels, il existait pour les Français une ligne, facile à organiser défensivement, qu'on eût pu défendre très longtemps. C'était celle marquée par Malèfre, La Chaussée, Saint-Gilles, Le Coudray, La Tuilerie.

De nos jours, malgré la portée considérable de nos armes, nous ne voyons pas que l'on puisse modifier la position des détachements avancés, mais les combats partiels se relieraient certainement beaucoup plus tôt, et la durée de la résistance pourrait être fort diminuée.

Nous ne conclurons pas des opérations racontées à la supériorité du grand-duc de Mecklembourg et des officiers allemands.

Certes, ceux que nous avons suivis à l'œuvre étaient des hommes de beaucoup de savoir et de pratique, mais ils n'apparaissent pas enveloppés de cette auréole lumineuse dont beaucoup ont coutume de les habiller, ainsi que trop souvent tous leurs compatriotes. Leur science militaire, si elle fut grande, ne fut pas infaillible. Leur offensive, tant vantée, n'a rien d'extraordinaire. Ils furent invaincus et non pas invincibles.

Pourquoi encenser toujours des vainqueurs qui ne nous battirent que par le sommeil insensé appesanti sur nous ?

Pourquoi déguster avec raffinement toutes les méthodes de

guerre des Allemands, quand ils n'ont fait, pour nous battre, que de se servir de l'enseignement puisé chez leurs prédécesseurs français, en l'alourdissant ?

Il y a une chose plus grave pour un peuple que la spoliation de deux provinces, c'est la spoliation de son âme. Nous la subissons depuis trente-cinq ans, dans notre engouement pour tous les étrangers, surtout pour les Allemands.

Certes, chaque nation a ses qualités, ses supériorités sur ses rivales, mais nous valons autant que les autres peuples, si nous valons d'autre façon. Admirons leur génie, étudions leurs progrès, prenons chez nos voisins ce qui, conforme à notre nature, manque à notre esprit. Mais n'absorbons pas à tort et à travers toutes les productions d'outre-Rhin, ne perdons pas notre originalité, notre personnalité. Soyons nous-mêmes. Nous Français, nous Latins, défions-nous des Teutons, défions-nous de l'esprit pesant et brutal du Nord ; assimilons-nous la puissance de travail, la patience, la méthode de l'Allemand ; mais conservons avec un soin jaloux la clarté et la vivacité de notre intelligence, la chaleur triomphante de notre cœur, les resplendissantes et mâles qualités qui ont fait la gloire et la force de nos ancêtres et assureront la perpétuité de notre race.

ERRATA

Page 37, 15e ligne, ***au lieu de :*** **l'impatience,** ***lire :*** **l'importance.**

Page 43, 14e ligne, ***au lieu de :*** **il résolut pas, d'accord,** ***lire :*** **il résolu t d'accord.**

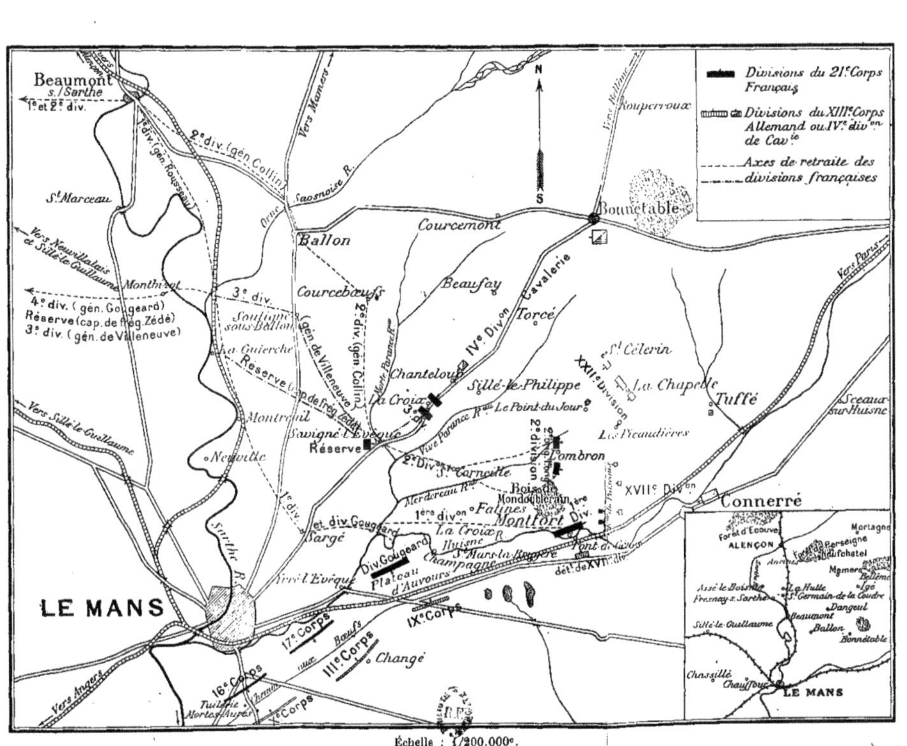

Échelle : 1/200,000e.

Arnault de la Ménardière.

RAPPORT DU COLONEL TARDY

COMMANDANT SUPÉRIEUR DES MOBILISÉS DE L'ORNE

à M. Antonin DUBOST, Préfet de l'Orne[1].

La Ferté-Macé, le 16 janvier 1871.

Monsieur le Préfet,

Vous m'avez fait l'honneur de me confier le commandement des troupes chargées de protéger et de défendre la ville d'Alençon. Je viens donc vous rendre compte des événements qui se sont passés dans la journée du 15, lors de l'attaque de cette ville par les Prussiens.

Les troupes mises à ma disposition pour les opérations militaires se composaient de 7 bataillons de mobilisés de l'Orne, savoir :

1re légion, lieutenant-colonel Poirier :

- 1er bataillon, commandant Laborie,
- 2e bataillon, commandant Collin ;

2e légion :

- 1er bataillon, commandant Chapelles;

3e légion, lieutenant-colonel Raulin :

- 1er bataillon, commandant Laforcade,
- 2e bataillon, commandant Vallée,
- 3e bataillon, commandant Viret,
- 4e bataillon, commandant Boutrouc ;

2 bataillons des mobilisés de la Mayenne, commandant Persilent;

1 batterie de 4 rayée de montagne sous les ordres du lieutenant Le Cuisinier, de l'artillerie de marine, et 80 artilleurs du même corps;

---

[1] Document communiqué par M. Antonin Dubost, président du Sénat.

1 compagnie des francs-tireurs des Hautes-Pyrénées, capitaine Oustalet ;

Les francs-tireurs de la République, de Tours ; et un détachement des francs-tireurs de Paris;

Le tout formant un effectif d'environ 4,500 à 5,000 hommes.

Les dispositions prises dans le conseil tenu entre vous, Monsieur le Préfet, le colonel Lipowski et moi, étaient les suivantes :

Réunir les troupes à midi, porter immédiatement 3 bataillons avec la batterie d'artillerie en avant, sur la route d'Alençon au Mans, 800 hommes des mobilisés de la Mayenne soutenus par un fort détachement des francs-tireurs de Paris à notre droite, 2 bataillons avec deux pièces d'artillerie sur la route qui conduit d'Alençon à l'embranchement des routes de Mamers et d'Ancines, un bataillon placé en réserve en dedans de la barricade située à l'entrée de la ville, les autres troupes laissées comme réserve sur la place de l'Hôtel-de-Ville, pour être dirigées sur les points où le besoin viendrait à s'en faire sentir. Toutes nos positions devaient être occupées à 2 heures.

La formation des troupes sur la Place d'armes retardée par l'extrême fatigue des hommes, qui avaient, dans la nuit, fait la route de Neufchâtel à Alençon, où ils n'étaient arrivés que vers 4 heures du matin, était en cours de s'exécuter, que déjà la canonnade qui, à plusieurs reprises s'était fait entendre dans le lointain, paraissant se rapprocher, je jugeai nécessaire de diriger immédiatement la section d'artillerie, et les deux bataillons Viret et Boutroue, bien que ces bataillons ne fussent point encore complètement formés.

La batterie d'artillerie se mit vivement en position, à 300 mètres en avant de la barricade et commença le feu à la distance de 2,000 mètres. L'ennemi riposta vigoureusement sans nous causer aucun dommage. L'ennemi contraint de reculer, notre artillerie s'avança à 1,000 ou 1,200 mètres, et fut reçue par un feu de mitraille qui nous blessa beaucoup de monde; il était alors environ 2 h. 30 [1].

A 1 heure, j'avais quitté Alençon pour venir sur le champ de bataille prendre la direction du combat.

Immédiatement après le départ des 2 bataillons Viret et Boutroue, les autres bataillons devant concourir à la défense extérieure ayant été rapidement formés, se portèrent sur les positions qui leur avaient été

[1] J'ai préféré, pour les heures des différentes phases du combat, suivre la version du général de Wittich. J'ai d'ailleurs, dans mon récit du combat d'Alençon, complété ce rapport par les relations d'autres témoins, ce qui explique que je ne l'ai pas suivi à la lettre, malgré son authenticité.

assignées et prirent les dispositions suivantes : à droite, en avant du cimetière, les bataillons de la Mayenne, 100 hommes du bataillon de Paris, et un détachement des francs-tireurs de la République, de Tours, furent déployés en tirailleurs. Ce mouvement, facilement soutenu par le bataillon de la Mayenne mal armé, contraignit le capitaine Oustalet à déployer ses hommes en tirailleurs derrière des tas de bois. De forts détachements du bataillon de l'Orne, commandant Boutroue, s'étant portés sur ce point, la ligne des tirailleurs fut solidement établie. C'est alors que 70 hommes environ furent dirigés sur un bois et une ferme, pour empêcher les Prussiens d'occuper ces points, et de là firent un feu très nourri sur une colonne compacte de cavalerie et d'infanterie prussienne qui occupaient la route du Mans. Ce feu fut si meurtrier que l'ennemi fut obligé de former une forte colonne en tirailleurs, pour faire face aux nôtres. Nos tirailleurs se replièrent alors sur nous, et mis à l'abri dans un chemin creux, engagèrent une vive fusillade, sans résultat appréciable.

Le lieutenant-colonel Poirier, arrivé de Neufchâtel à midi, fut immédiatement dirigé sur le théâtre de l'action, et prit position sur les routes de Mamers et d'Ancines, avec 2 pièces d'artillerie, qui furent bientôt démontées par le feu de l'ennemi ; les servants souffrirent beaucoup. Le bataillon Laborie fit bonne contenance sur la route d'Ancines, quoiqu'il ne fût protégé que par une palissade insuffisante.

Mais, voyant l'action devenir plus sérieuse, le commandant Laborie fit déployer une partie de son bataillon en tirailleurs, pour couvrir la gauche de la position. Ce bataillon ne put conserver sa position jusqu'à la fin, à cause du manque de munitions et de la défectuosité de l'armement.

Vers 3 heures, un feu roulant d'obus de l'artillerie prussienne nous démonta 3 pièces. Le bataillon Collin, placé en réserve, reçut l'ordre de prendre part à l'action, l'artillerie continua son feu et reprit ses positions. Le combat continuait sans incidents remarquables, lorsque les mobilisés de la Mayenne fléchirent un peu. Ce léger mouvement de recul permit à l'ennemi de mettre en batterie deux pièces dont les feux se croisèrent avec celui des pièces placées sur la route du Mans, et nous fit beaucoup de mal. Ce fut l'instant critique de la journée. L'arrivée en ligne des francs-tireurs Lipowski et surtout de leur artillerie, rétablit le combat et nous permit de conserver nos positions.

Vers 4 h. 30, le lieutenant d'artillerie avait été blessé à la main, il remit alors le commandement à l'adjudant et le feu continua jusqu'à 5 heures.

A ce moment notre artillerie avait cessé son feu, plus rien ne se faisait entendre, tout le monde s'était replié en ville, il restait seulement derrière la barricade environ deux bataillons pour la défendre contre une attaque possible de l'ennemi; mais nous avons constaté par un retour en avant que l'ennemi avait fini.

J'aurais, Monsieur le Préfet, peut-être quelques défaillances à vous signaler, mais j'aime mieux les passer sous silence à cause du grand nombre de braves qui ont vaillamment fait leur devoir, et que je vous signale dans la liste suivante. Vous-même qui vous êtes trouvé sur le lieu du combat, avez pu aussi les remarquer.

Je citerai en première ligne :

Le lieutenant-colonel Raulin, officier plein d'énergie et de courage, qui a constamment, par son exemple, entraîné ses soldats en avant;

Le capitaine Oustalet, des francs-tireurs des Hautes-Pyrénées, dont la compagnie a rendu les plus grands services, habilement dirigée par ce chef brave et énergique ; il serait à désirer que toutes les compagnies de francs-tireurs ressemblassent à celle-là ;

Le commandant Persilent, des mobilisés de la Mayenne, et le lieutenant-colonel La Cécilia, des francs-tireurs de Paris ; ces officiers supérieurs sont restés constamment à mes côtés et ont montré un grand courage en portant les ordres que je leur donnais aux endroits les plus périlleux ;

Le lieutenant d'artillerie Le Cuisinier, brave soldat qui compte 18 années de service, et que je serais heureux de voir décoré pour la bravoure et le sang-froid qu'il a montrés en soutenant constamment sa batterie par son exemple et ses encouragements ;

Les commandant Boutrouc, capitaine Davoust, sous-lieutenant Salm, sergent Salayard, gardes mobilisés Davoust et Lesage de la 3e légion ;

L'adjudant d'artillerie de marine Hautemule, et Soyer et Ginet, maréchaux des logis au même corps ;

Desrues, sergent-major de la 3e légion ; les francs-tireurs des Hautes-Pyrénées Angorran, Barrère Jean-Marie, Vaunombrugge, Pianelli et Trouette ;

Le commandant Collin ; Dudouit, sergent ; Alphonse Hue, caporal ; Boscher, sous-lieutenant ; Auber, major ; Lecomte, sergent ; le lieutenant Bureau ; le sous-lieutenant Oriot ; le lieutenant Godegrand ; Gaston-Jean ; Moins Émile ; Neveu ; Rivière ; le sous-lieutenant Rognie ; tous de la 1re légion.

Je ne veux pas terminer ce rapport, sans de nouveau vous faire remarquer la conduite admirable de nos braves artilleurs de marine, qui ont été cruellement éprouvés, car sur environ vingt-cinq morts que me signalent les rapports des médecins, cinq appartiennent à ce corps. Ces mêmes rapports évaluent d'une façon approximative le nombre des blessés à environ soixante-dix dont vingt-cinq artilleurs.

Nous avons la douleur de constater la mort de M. Frebet, lieutenant de la 2e compagnie du 3e bataillon de la 1re légion, et la disparition d'un capitaine dont on n'a aucune nouvelle.

Les renseignements qui nous sont parvenus évaluent les forces ennemies à 6,000 hommes, plus une réserve égale, et 12 pièces de canon de 6 rayés. Si j'en crois également les divers renseignements parvenus à ma connaissance, les pertes de l'ennemi sont très considérables.

Le projet de défense d'Alençon ayant été abandonné et la retraite jugée nécessaire, les troupes sont parties le soir, pour les cantonnements qui leur avaient été indiqués.

Le Colonel commandant supérieur
des mobilisés de l'Orne.

Signé : TARDY.

PARIS. — IMPRIMERIE R. CHAPELOT ET Cᵉ, RUE CHRISTINE, 2.

www.ingramcontent.com/pod-product-compliance
Ingram Content Group UK Ltd.
Pitfield, Milton Keynes, MK11 3LW, UK
UKHW022119260726
13993UKWH00003B/1119

9 782019 930783